AF275010

EL SISTEMA SOLAR

BONALLETRA ALCOMPAS

Ilustraciones de

**TOMMASO RONDA
Y WUJI HOUSE**

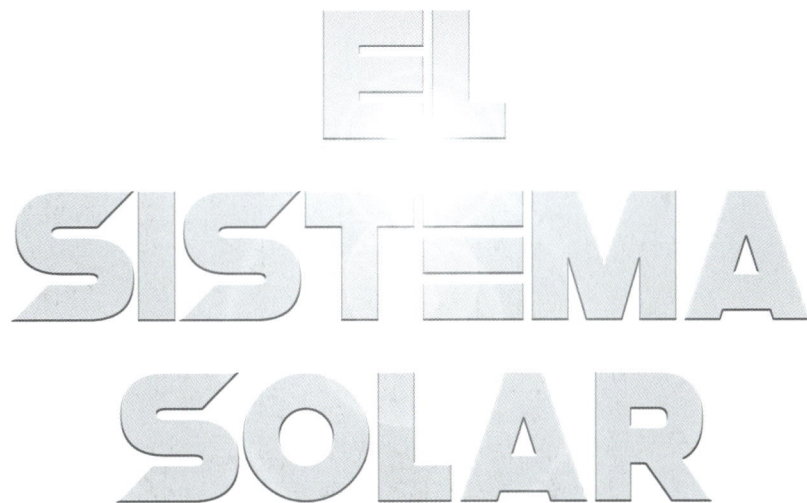

LOS EXPLORADORES DEL ESPACIO

ÍNDICE

LOS EXPLORADORES DEL ESPACIO

Soy el profesor QuAnt1cuS y vivo en la nave Atenea con mis dos alumnos, Áurea y Sid, y con nuestro ayudante robótico Marcelino. ¿Te apetece acompañarnos en este increíble viaje por el sistema solar? Si quieres convertirte tú también en un Explorador del Espacio, prepárate y sube a bordo. ¡Partimos en la siguiente página!

¿Un paseo por el sistema del que proceden los humanos? Pfff, qué incordio... ¿No podemos ir a que me limpien los circuitos con un buen masaje?

¡Hola, soy Sid y estoy deseando pasear por el sistema solar! Ojalá encontremos alguna buena pizzería galáctica para parar a comer...

Yo soy Áurea y me muero de ganas de empezar el viaje. ¿Vienes con nosotros?

¿QUÉ ES EL SISTEMA SOLAR?

El sistema solar está formado por una estrella, el Sol, y todos los cuerpos que orbitan a su alrededor. El Sol está en el centro, como si fuera una enorme pelota colocada justo en mitad de una pista de atletismo. Los cuerpos celestes dan vueltas en torno a él atraídos por la fuerza de la gravedad. ¿Y qué es esta fuerza? Pues la misma que hace que las manzanas caigan hacia abajo, al suelo, y no hacia arriba. Igual que la ejerce la Tierra sobre la manzana que cae, también lo hacen las estrellas y los planetas sobre otros cuerpos en el espacio. Y, en este caso, el Sol es quien atrae al resto de objetos astronómicos del sistema solar.

Además de planetas, en el sistema solar hay planetas enanos, satélites (o lunas), asteroides (muchos de ellos agrupados en unos discos llamados «cinturones»), meteoritos, cometas y una gran cantidad de polvo cósmico.

MERCURIO · VENUS · TIERRA · MARTE · CINTURÓN DE ASTEROIDES · JÚPITER

ESTRELLAS: 1 (el Sol)

PLANETAS: 8 (Mercurio, Venus, Tierra, Marte, Júpiter, Saturno, Urano y Neptuno)

PLANETAS ENANOS: 5 (Ceres, Plutón, Haumea, Makemake y Eris)

OTROS OBJETOS: Unos dos millones de asteroides, meteoritos y cometas

DISTANCIA AL CENTRO DE LA VÍA LÁCTEA: 27 000 años luz

SATURNO

URANO

NEPTUNO

CINTURÓN DE KUIPER

¿Dónde está el sistema solar?

La galaxia en la que estamos situados es la Vía Láctea. La llamamos así porque es blanca como la leche. Como ves en la imagen de aquí abajo, tiene forma de espiral, y el sistema solar está ubicado en uno de los brazos externos, el brazo de Orión. Lo separan del centro de la galaxia 27 000 años luz.

Nosotros estamos aquí.

Unidades de medida

En astronomía, las distancias entre planetas, estrellas y los demás cuerpos celestes son tan grandes que no se pueden medir en kilómetros o metros, como hacemos en la Tierra. Cuando hablamos del espacio, se suelen utilizar las dos siguientes unidades de medida:

Unidad astronómica (UA)

Una unidad astronómica corresponde a la distancia que hay entre el Sol y la Tierra, que equivale a unos 150 millones de kilómetros. Para darte una idea más precisa, el planeta más lejano del Sol, Neptuno, está a 30,1 UA, es decir, algo más de 30 veces la distancia entre el Sol y la Tierra.

Años luz

No hay nada en el universo, absolutamente nada, que pueda viajar más rápido que la luz. Va a aproximadamente 300 000 kilómetros por segundo, o sea, en un año recorre más de 9 000 000 000 000 (9 billones) de kilómetros.

En el universo, las distancias son tan grandes que los años luz son la medida de longitud que se suele usar más. Cuando decimos que el sistema solar está a 27 000 años luz del centro de la galaxia significa que, si lanzáramos un rayo de luz desde nuestro sistema en dirección al centro de la galaxia, tardaría en llegar 27 000 años, o, dicho de otra manera: 27 000 por 9 000 000 000 000 km.

¿Cómo y cuándo surgió el sistema solar?

El sistema solar no ha existido desde siempre: su origen se remonta a unos 4600 millones de años, cuando todavía no existían los cuerpos celestes que vemos en la actualidad, sino solamente una gigantesca nube de polvo y gas. Por algún motivo que no conocemos con seguridad, toda aquella materia empezó a concentrarse a causa de la gravedad.

Hay quien cree que fue consecuencia de una onda de material emitida por una supernova (o sea, por una estrella que explotó). Otros piensan que se debió a una estrella que pasó cerca.

El protosol se transformó en el Sol y la materia que no había acabado en su interior se unió formando cuerpos celestes más pequeños, los planetesimales.

Sea cual fuere la causa, esta gran cantidad de materia empezó a unirse formando un gigantesco disco de gas y polvo. Y en el centro de este disco se formó una enorme bola, muy caliente, que concentró el 99,86% de la masa: es lo que se conoce como protosol.

Los planetesimales empezaron a chocar los unos contra los otros. Algunos se unieron y formaron los planetas y los satélites.

Tras numerosas colisiones y una época de gran confusión, todo encontró su lugar y finalmente llegó la paz: había nacido el sistema solar.

LOS MOVIMIENTOS PLANETARIOS

Todos los planetas del sistema solar realizan dos movimientos: el movimiento de rotación, que da origen a los días y las noches; y el movimiento de traslación, que da lugar a las estaciones.

El movimiento de rotación

Es el encargado de que los planetas giren como si fueran peonzas enormes, pero con una particularidad: no giran erguidos. Sus ejes están torcidos, como el de la Tierra, que está ligeramente inclinado. Otros planetas, como Urano, lo tienen completamente torcido, como si estuvieran tumbados.

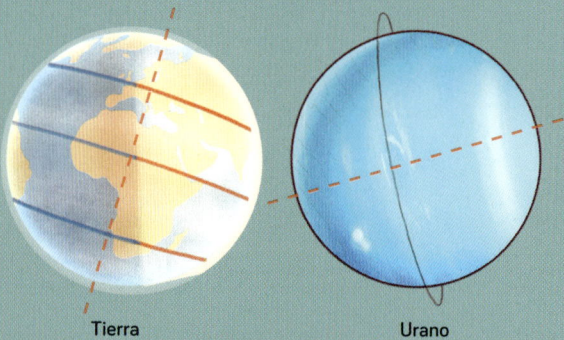

Tierra   Urano

El movimiento de rotación es el responsable de que existan los días y las noches. En la parte iluminada, donde da el Sol, es de día. En la parte oscura, es de noche. La Tierra tarda 24 horas en dar la vuelta sobre sí misma, pero como está inclinada, los días y las noches no duran lo mismo. Y lo mismo sucede en todos los planetas del sistema solar, aunque el tiempo de rotación es distinto en cada uno de ellos. Es decir, los días no tienen 24 horas en todos los planetas.

MERCURIO
DÍA*: 1407,5 horas
AÑO: 88 días terrestres

VENUS
DÍA*: 5832,6 horas
AÑO: 225 días terrestres

TIERRA
DÍA*: 24 horas
AÑO: 365 días y 6 horas terrestres

MARTE
DÍA*: 24,6 horas
AÑO: 687 días terrestres

JÚPITER
DÍA*: 9,9 horas
AÑO: 4333 días terrestres

SATURNO
DÍA*: 10,6 horas
AÑO: 10 759 días terrestres

URANO
DÍA*: 17,2 horas
AÑO: 30 689 días terrestres

NEPTUNO
DÍA*: 16,1 horas
AÑO: 60 182 días terrestres

* Se trata de «días siderales», es decir, el tiempo que tarda un planeta en dar un giro completo sobre sí mismo. El «día solar», en cambio, es el tiempo que tarda en girar respecto al Sol, y es diferente.

El movimiento de traslación

Además de rotar sobre sí mismos, los planetas dan vueltas alrededor del Sol. Es el movimiento de traslación. La Tierra tarda 365 días y 6 horas en completar una vuelta alrededor del Sol, pero este tiempo es diferente para cada planeta. Además, la órbita no es circular, sino elíptica, o sea, como achatada.

A lo largo del año, la Tierra va cambiando de posición respecto al Sol. Según el hemisferio en el que estemos, nos llegará más luz o menos en un momento dado de la órbita. Este hecho, junto con la inclinación del eje de la Tierra, es el que explica las estaciones. Fíjate en el dibujo.

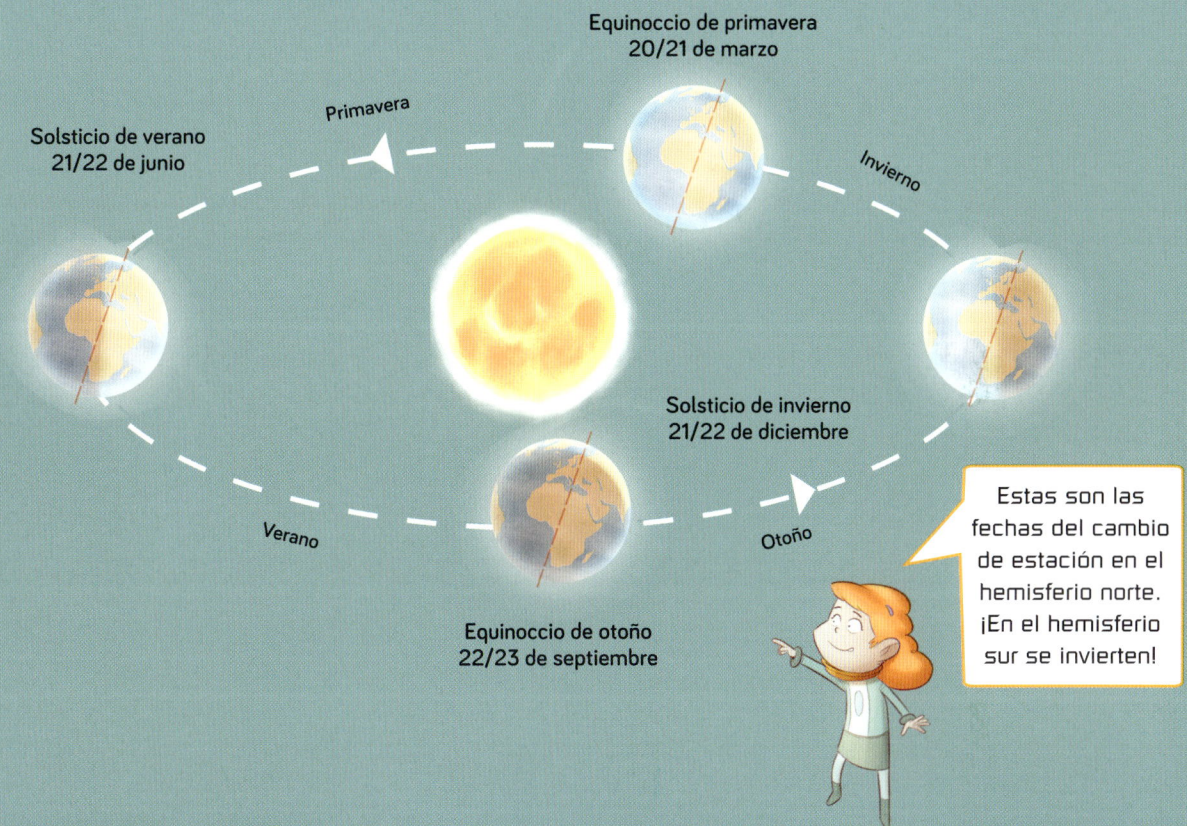

Equinoccio de primavera
20/21 de marzo

Primavera

Solsticio de verano
21/22 de junio

Invierno

Solsticio de invierno
21/22 de diciembre

Verano

Otoño

Equinoccio de otoño
22/23 de septiembre

Estas son las fechas del cambio de estación en el hemisferio norte. ¡En el hemisferio sur se invierten!

¿Verano o invierno?

Cuando la Tierra está a la izquierda del Sol, los que viven al norte del ecuador, en el hemisferio norte, tienen muchas más horas de luz que de oscuridad. Para ellos, ¡es verano! En cambio, los que viven en el hemisferio sur reciben muy poca luz. Para ellos, el día es corto y la noche muy larga. Es invierno.

En cambio, cuando la Tierra se encuentra en el lado opuesto de su órbita, los que reciben poca luz son los del norte (es invierno), mientras que los del sur reciben mucha (es verano).

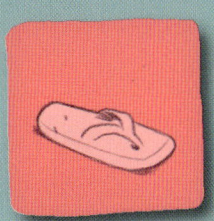

EL SOL

El Sol es definitivamente nuestro rey: se trata del cuerpo celeste más grande del sistema solar y el único que emite luz propia.

Al igual que los planetas, el Sol gira sobre su propio eje, pero tiene una particularidad: como está compuesto de plasma (es decir, de gases), las franjas de los polos y las franjas ecuatoriales giran a velocidades distintas. El movimiento de rotación en el ecuador dura un poco más de 24 días, mientras que en los polos dura casi 28.

Curiosidato

En solo dos millonésimas de segundo, el Sol emite tanta energía como la que utiliza toda la humanidad en un año. Por desgracia, la mayor parte se pierde en el espacio, ¡pero podemos aprovechar la que llega gracias a la energía solar!

TEMPERATURA: 5500 °C

DIÁMETRO: 1 392 700 km
(más de 100 veces el de la Tierra)

MASA: 333 000 VECES MAYOR QUE LA DE LA TIERRA

DISTANCIA DE LA TIERRA:
150 millones de km

GRAVEDAD: 28 VECES MÁS QUE EN LA TIERRA

¿De qué está hecho?

Casi toda la materia del Sol está formada por hidrógeno (H), el elemento químico más simple de la naturaleza, ya que cada átomo de hidrógeno solo tiene un protón y un electrón. Sin embargo, dentro del Sol hace tanto calor que los electrones son arrancados de los protones y se forma el denominado «plasma».

Como la densidad y la temperatura en el núcleo del Sol son muy elevadas, los protones se golpean entre sí y acaban uniéndose.

A partir de esta unión, llamada fusión nuclear, se forma un nuevo elemento, el helio (He), y se emite una cantidad enorme de energía.

Cuando esa energía llega a la superficie del Sol, se libera en el espacio en forma de luz y calor.

Una estrella pequeñita

Aunque a nosotros nos parezca colosal, hay muchas estrellas más grandes que el Sol. De hecho, está considerado una «estrella enana», en concreto, una enana amarilla de tipo espectral G2V.

Al lado de otras estrellas, como R136c o VY Canis Majoris, el Sol es realmente minúscula. ¡Y eso que su radio (o sea, la distancia desde el centro hasta cualquier punto de su circunferencia) es de 695 000 kilómetros!

	MASA	RADIO
SOL	1 masa solar	1 radio solar
R136C	230 masas solares	18,4 radios solares
VY CANIS MAJORIS	17 masas solares	1420 radios solares

La revolución copernicana

Durante miles de años se creyó que la Tierra se encontraba en el centro del universo y que el Sol y los planetas giraban a su alrededor. A esta forma de entender el cosmos se le llama modelo geocéntrico, porque pone la Tierra (*geos*) en el centro de todo.

Sin embargo, en el siglo XVI, un astrónomo polaco llamado Nicolás Copérnico se dio cuenta de que no era así. Este descubrimiento supuso toda una revolución. Los seres humanos tuvieron que aceptar que no ocupaban el centro del universo y pudieron comprender por qué se suceden las estaciones, además de otras muchas cosas.

¡No es así! Ya lo veréis.

La gravedad del Sol nos mantiene unidos

La fuerza de la gravedad es la que mantiene los planetas en órbita. De no ser por ella, el sistema solar no existiría tal y como lo conocemos y ¡los planetas saldrían disparados hacia los confines del universo!

Las órbitas de los planetas alrededor del Sol son elípticas, o sea, no son circunferencias perfectas, sino círculos achatados, igual que una pista de atletismo. Cada planeta tiene su órbita, como si fuera un carril en la pista. Esto significa que la órbita de los planetas más cercanos al Sol es más corta que la de los más lejanos. Por eso, cuanto más lejos está un planeta, más tarda en realizar una vuelta alrededor del Sol: es decir, ¡sus años son más largos!

Compruébalo por ti mismo: fíjate en la tabla de los días y los años de los planetas de la página 8.

¿Cuándo se apagará el Sol?

Como todas las estrellas del universo, el Sol no brillará para siempre. Pero tranquilos, ¡nosotros no lo veremos morir! Actualmente, tiene unos 4500 millones de años y todavía está hecho un jovenzuelo. ¡Tiene mucha vida por delante!

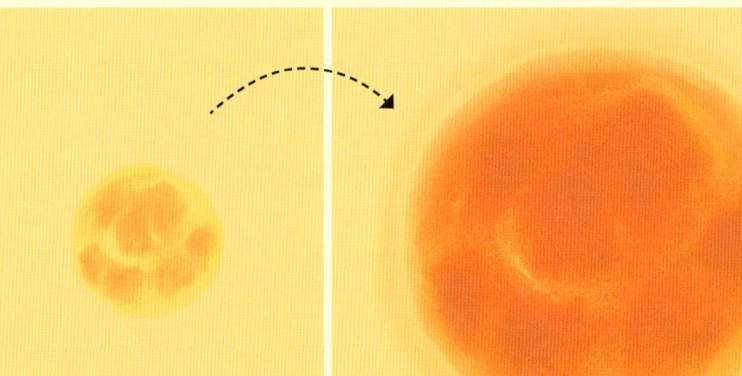

Ahora: con 4500 millones de años

El Sol funciona gracias a la fusión del hidrógeno, que se transforma en helio y emite muchísima energía.

Con 9500 millones de años

Cuando el hidrógeno se agote, el Sol se hará mucho más grande y cambiará de color: se transformará en una estrella gigante roja. Entonces conseguirá otro «combustible» para funcionar, el helio. Empezará así la fusión de helio.

Con 11 000 millones de años

Pero, con el tiempo, el helio también se acabará. El Sol se enfriará poco a poco y se hará mucho más pequeño, hasta transformarse en una enana blanca.

Auroras polares

Además de la luz y el calor, el Sol emite unos flujos de partículas a los que llamamos viento solar. En circunstancias normales, la atmósfera y los campos magnéticos que rodean la Tierra nos protegen de estas partículas. Sin embargo, a veces, consiguen escabullirse a través de los polos.

Cuando eso sucede, se produce uno de los fenómenos naturales más bonitos que se pueden contemplar: la aurora polar. Las partículas cargadas del viento solar interaccionan con el campo magnético de la Tierra y los gases de la atmósfera y producen maravillosas composiciones de colores.

LOS PLANETAS

En el sistema solar hay ocho planetas: Mercurio, Venus, la Tierra, Marte, Júpiter, Saturno, Urano y Neptuno. Todos comparten tres características fundamentales. Sin ellas, no podríamos considerarlos como planetas.

1. Orbitan alrededor de una estrella, en este caso el Sol, y no en torno a otro cuerpo celeste.

2. Tienen una forma casi esférica.

3. No tienen otros cuerpos del mismo tamaño a su alrededor, es decir, son el objeto más grande de su zona.

Según los cálculos de los astrónomos, podría haber otro planeta, el llamado Planeta Nueve, aún sin descubrir y que tendría una masa diez veces superior a la de la Tierra.

Los planetas terrestres

Los cuatro primeros planetas, los más cercanos al Sol, son los planetas terrestres. Se llaman así porque tienen corteza y manto rocosos, mientras que sus núcleos son de metal incandescente. Por orden de proximidad al Sol son: Mercurio, Venus, la Tierra y Marte.

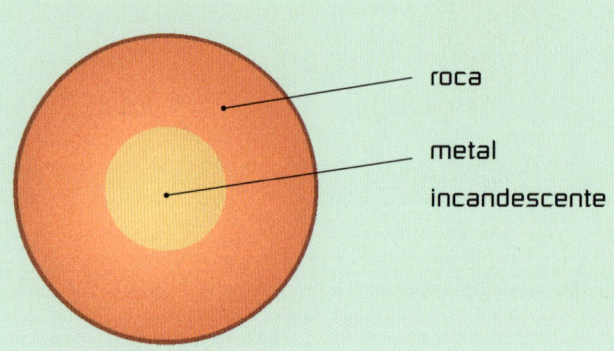

roca

metal incandescente

Planetas gaseosos

Los cuatro últimos son los planetas gaseosos: Júpiter, Saturno, Urano y Neptuno. Son mucho más grandes, ya que se trata de esferas gigantescas con una capa exterior de gas, luego otra líquida o fluida, y un centro sólido.

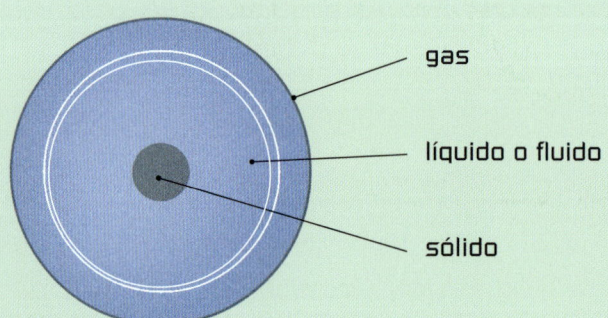

gas

líquido o fluido

sólido

Cuestión de tamaños...

Los tamaños de los planetas son tan enormes que puede ser difícil hacerse una idea de sus proporciones. Por ejemplo, si la Tierra fuera una pelota de golf, así es como serían las dimensiones del resto de los planetas del sistema solar:

Mercurio
(canica pequeña)

Venus
(tenis de mesa)

Tierra
(golf)

Marte
(canica normal)

Júpiter
(playa)

Saturno
(sandía)

Urano
(voleibol)

Neptuno
(voleibol)

... y de distancias

¿Y qué hay de las distancias entre planetas? Esta es una representación a escala de sus posiciones respecto al Sol. Como ves, los cuatro planetas terrestres están muy cerca del Sol y también entre sí, mientras que las distancias aumentan mucho cuando se trata de los planetas gaseosos. Las distancias están expresadas en unidades astronómicas.

Venus
0,7

Marte
1,5

Saturno
9,6

Urano
19,2

Neptuno
30,1

Mercurio
0,4

Tierra
1

Júpiter
5,2

MERCURIO

Mercurio es el planeta más pequeño del sistema solar, apenas un poco más grande que la Luna. También es el que orbita más rápido alrededor del Sol: va a una velocidad de 47 kilómetros por segundo.

> Entre un amanecer y otro en Mercurio transcurre más o menos medio año terrestre. Yo no pienso ir allí, ¡no quiero esperar tanto para el desayuno!

TIPO DE PLANETA: TERRESTRE
GRAVEDAD: ALGO MENOS QUE LA MITAD DE TU PESO EN LA TIERRA
DISTANCIA DEL SOL: 0,4 UA
HABITABILIDAD: 0
SATÉLITES: 0

El tránsito de Mercurio

Mercurio es el más oscuro de todos los planetas: ¡es muy difícil reconocerlo a simple vista! Sin embargo, a veces se puede ver cuando está delante del disco solar. Esto se conoce como el «tránsito de Mercurio» y sucede 13 veces cada 100 años. El último fue en 2019 y el próximo se espera en 2032.

¿Por qué se llama Mercurio?

El nombre de Mercurio viene de la Roma Antigua. Los romanos le pusieron el mismo nombre que tenía su dios mensajero porque veían que este planeta cambiaba muy a menudo de posición en el cielo: ahora a un lado del Sol, ahora al otro... Claro, en aquellos tiempos no sabían que el planeta daba vueltas alrededor del astro y pensaron que el papel de mensajero, que va de un lado a otro todo el rato, le quedaba la mar de bien.

Un planeta sin atmósfera...

Tal como lo oyes, Mercurio no tiene atmósfera, lo que significa que es inhabitable. La atmósfera es la que provoca el efecto invernadero y protege a los planetas de objetos como meteoros. Como carece de ella, las temperaturas en Mercurio son muy extremas: en la parte soleada puede superar los 400 °C y en la sombría puede bajar hasta los -180 °C.

... pero con cráteres creativos

Lo que sí tiene son cráteres, causados por el impacto de los meteoritos y cometas que han chocado con él. Algunos de ellos son enormes, como Caloris, que puedes ver en la imagen inferior y que cuenta con 1550 kilómetros de diámetro, o Rachmaninoff, de 306 kilómetros de diámetro. Este último no es el único que toma el nombre de un artista famoso: también hay otro que se llama Rembrandt, como el conocido pintor neerlandés.

Esta es una imagen de un planeta con atmósfera. Como ves, actúa como una capa protectora ante objetos como los meteoros. ¡Seguro que a Mercurio le gustaría tener una!

Misiones espaciales

Mercurio es el único de los planetas rocosos en el que nunca ha aterrizado una sonda espacial. Las misiones a este planeta son especialmente complicadas, porque, como está muy cerca de Sol, cualquier artefacto que se aproxime a él debe estar bien protegido del calor y resistir su enorme fuerza de gravedad. Es decir, las naves deben tener cohetes muy potentes para no «caer» en el Sol.

Actualmente hay una misión conjunta de las agencias espaciales europea y japonesa que está en camino al planeta, llamada BepiColombo. Se espera que entre en órbita en 2025, pero no aterrizará.

En el pasado, la NASA ha enviado dos misiones a Mercurio. La Mariner 10 fue la primera en hacer un vuelo de reconocimiento, mientras que la MESSENGER fue la primera en orbitar alrededor del planeta… ¡aunque se acabó estrellando en su superficie!

Mariner 10

BepiColombo

MESSENGER

VENUS

Aunque sus dimensiones son muy similares a las de la Tierra, Venus posee muchas características que lo hacen completamente distinto de nuestro planeta. Arde como el mismísimo infierno, está repleto de volcanes y tiene fases, ¡como la Luna!

TIPO DE PLANETA: TERRESTRE
GRAVEDAD: CASI IGUAL QUE EN LA TIERRA
DISTANCIA DEL SOL: 0,7 UA
HABITABILIDAD: POSIBILIDAD DE ALBERGAR VIDA MICROBIÓTICA EN LAS NUBES
SATÉLITES: 0

¿Por qué se llama Venus?

El nombre de Venus, como el de Mercurio, también procede de la Antigua Roma. Los romanos se dieron cuenta de que Venus es el segundo objeto natural más brillante después de la Luna y le pusieron el nombre de la diosa del amor.

Arde que arde

Venus es el planeta más caliente del sistema solar. Su superficie está a casi 500 °C, lo que se debe fundamentalmente a dos factores: primero, es el segundo planeta más próximo al Sol y, segundo, su atmósfera es densísima y además está compuesta de dióxido de carbono, un gas que captura el calor en un 95% aproximadamente.

Por si fuera poco, para ambientar todavía más su densa atmósfera, el planeta tiene una lluvia tóxica permanente. ¡Y es que Venus está repleto de nubes de ácido sulfúrico, una sustancia corrosiva que huele muy mal!

Búscalo en el cielo

Después del Sol y de la Luna, Venus es el objeto celeste que mejor se ve desde la Tierra, más que cualquier estrella. Esta visibilidad se explica porque es el planeta que está más cerca de nosotros y porque las nubes que lo envuelven son muy brillantes. En realidad, cuando lo vemos desde la Tierra, no vemos su superficie, sino sus nubes.

Volcanes y cráteres enormes

La superficie de Venus es muy variada: además de grandes valles, cuenta con una enorme cantidad de volcanes. No conocemos su número exacto, pero creemos que podrían ser incluso miles. Sin embargo, a pesar de algunas excepciones, los volcanes de Venus son bastante achatados.

También cuenta con algunos cráteres, aunque muchos menos que Marte o la Tierra, debido a que su densa atmósfera sirve de escudo protector que desintegra los meteoritos, asteroides y cometas pequeños que penetran en ella. Así que solo los más grandes logran atravesarla y, claro, eso hace que los escasos cráteres venusianos sean bastante grandes.

Y montañas

Las montañas, en general, son más bien bajitas, aunque cuenta con algunas excepciones. Por ejemplo en Ishtar Terra, una de las áreas montañosas de Venus, se encuentran Akna Montes y Freyja Montes, que llegan a los 7 kilómetros de altura. Pero el campeón venusiano de esta zona es Maxwell Montes, con una altitud de unos 11 kilómetros, bastante más que el Everest, que, con sus 8,8 kilómetros de altura, es la montaña más alta de la Tierra.

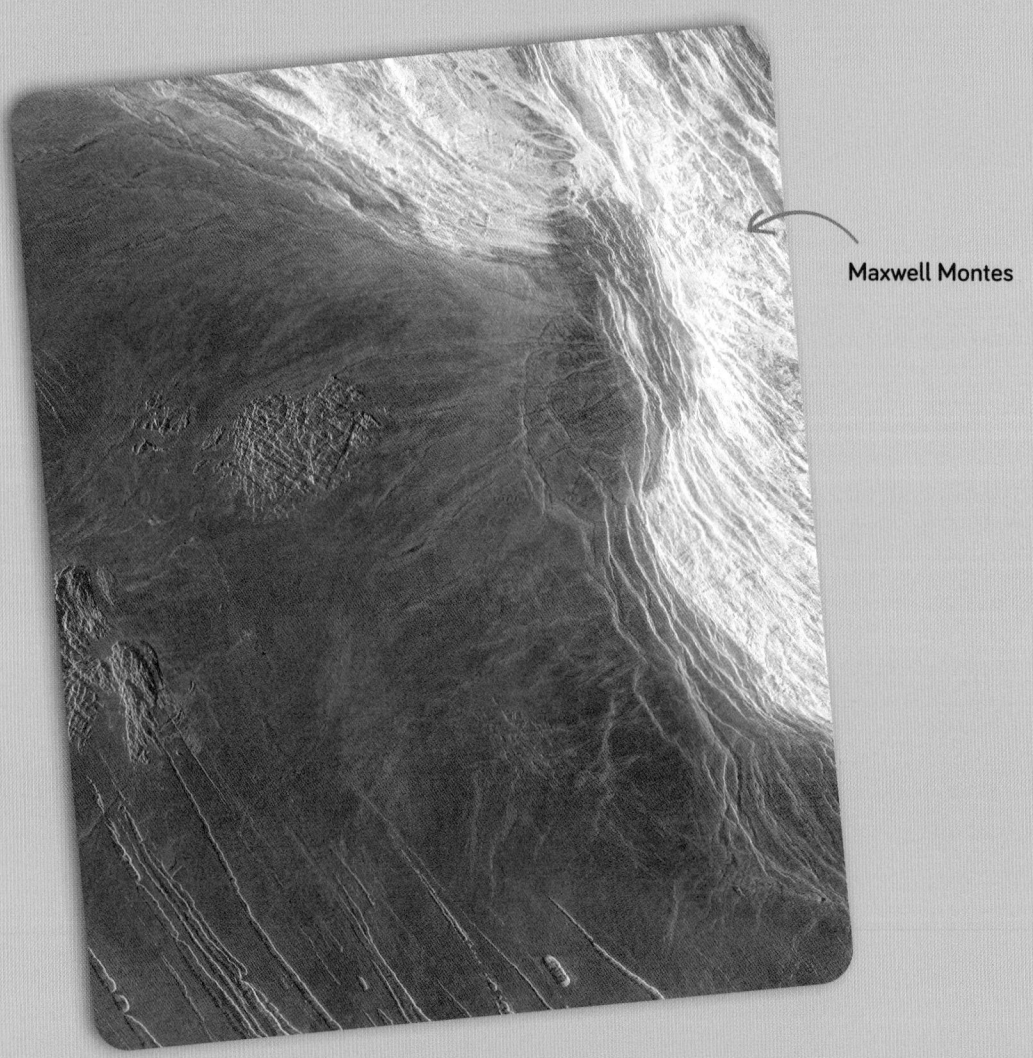

Maxwell Montes

Las fases de Venus

Si te dedicas a observar este planeta durante un buen periodo de tiempo, verás que no siempre se ve igual. Venus, como la Luna, tiene fases, o sea, a veces se ve completo y en ocasiones apenas se ve un trocito o un halo de luz que muestra su silueta. Tarda 584 días en realizar un ciclo completo.

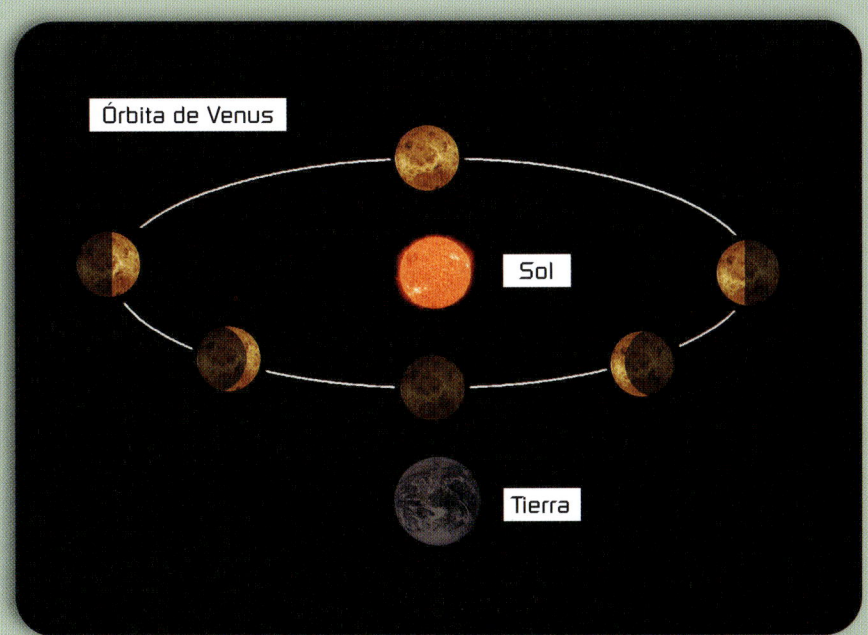

Órbita de Venus

Sol

Tierra

Del mar a Venus

El programa Venera se desarrolló para enviar sondas espaciales que investigaran Venus, el primer planeta del sistema solar que ha sido explorado. Se han destinado más de quince sondas a Venus: algunas fallaron y otras consiguieron aterrizar y captar datos sobre el planeta. Eso sí, ninguna ha logrado sobrevivir demasiado sobre su superficie.

Y es que uno de los retos más difíciles para los ingenieros a la hora de diseñar las sondas fue encontrar una forma y un material que pudiera soportar la densísima atmósfera de Venus. Para que te hagas una idea, pasear por ella sería como aguantar 50 elefantes montados uno encima del otro sobre ti. ¡Y luego tú te quejas de la mochila del cole! Para lograrlo, se inspiraron en los batiscafos, los sumergibles preparados para resistir la presión de las fosas oceánicas.

LA TIERRA

Gracias a la presencia del agua y a una atmósfera con gases como el nitrógeno y el oxígeno, la Tierra tiene las condiciones idóneas para la vida. Desde el espacio, se ve como una bola azul con algunas nubes de vapor de agua. Lo llamamos «el planeta azul» porque el color del agua de los océanos predomina sobre el verde de los bosques y el marrón de la tierra.

TIPO DE PLANETA: TERRESTRE
GRAVEDAD: 9,8 M/S²
DISTANCIA DEL SOL: 1 UA
HABITABILIDAD: 100%
SATÉLITES: 1
ANILLOS: 0

La atmósfera terrestre permite que el planeta sea lo suficientemente cálido para albergar vida. ¡Y gracias a su oxígeno podemos respirar!

Capas de cebolla

La Tierra es parecida a una cebolla, ya que está compuesta por diferentes capas. En el exterior se halla la corteza, formada por una piel finita que la recubre. Bajo ella se encuentra el manto, mientras que el centro del planeta lo ocupa el núcleo, que tiene una capa exterior líquida y otra interior sólida.

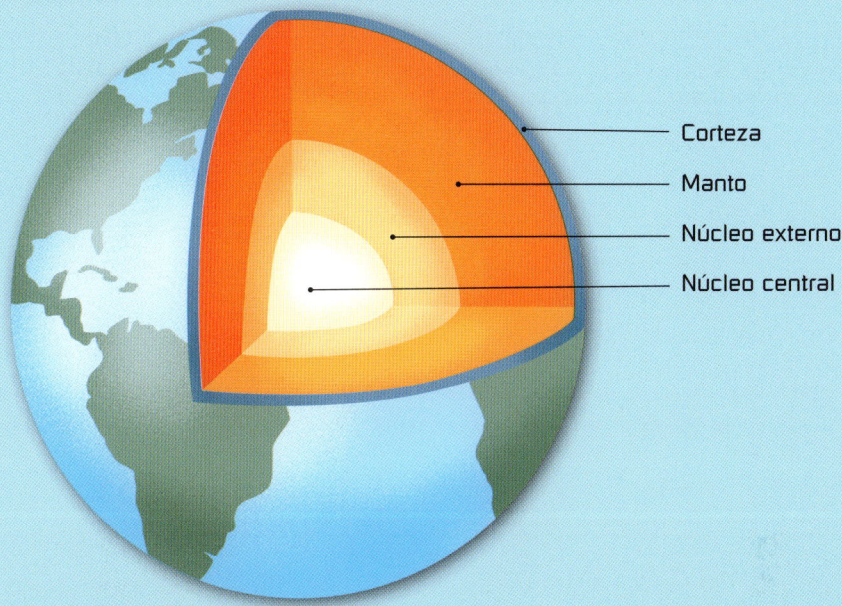

Corteza

Manto

Núcleo externo

Núcleo central

Más caliente que el Sol

Cuanto más nos acercamos al núcleo, más elevada es la temperatura. En el centro de la Tierra, puede llegar hasta 6000 °C, ¡más que en la superficie del Sol! El núcleo terrestre es una enorme masa incandescente. En sus orígenes, todo el planeta era así. Con el tiempo, las capas externas se enfriaron, pero el centro sigue siendo extremadamente caliente. Sin embargo, no todo el calor procede de hace miles de millones de años, porque para mantener la caldera en marcha es necesaria la presencia de materia radioactiva, que es una materia que emite radiaciones de partículas y energía.

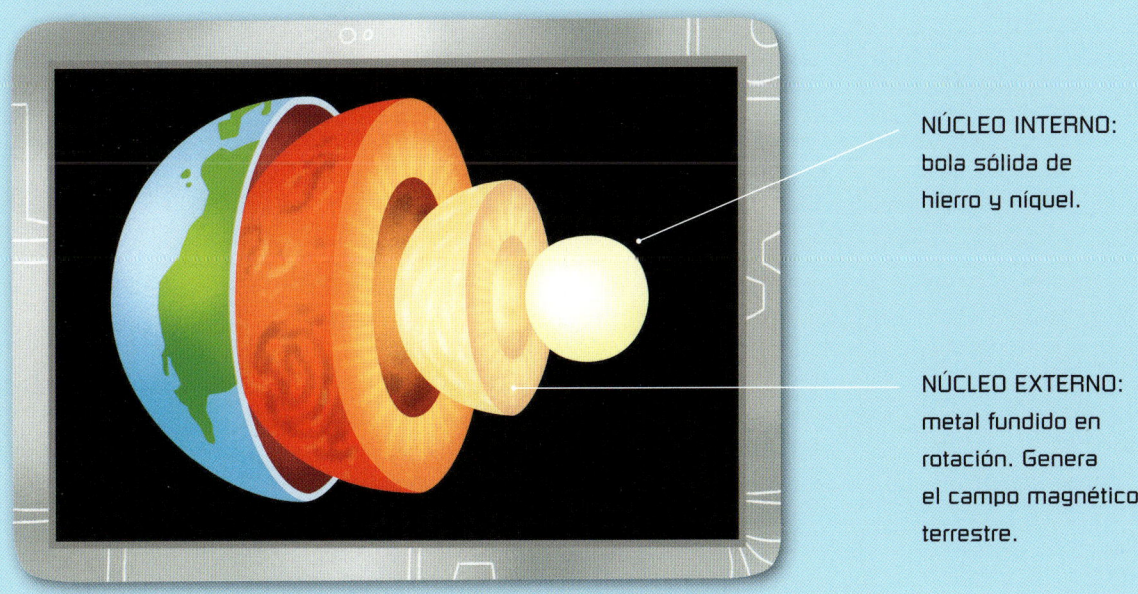

NÚCLEO INTERNO: bola sólida de hierro y níquel.

NÚCLEO EXTERNO: metal fundido en rotación. Genera el campo magnético terrestre.

De lava a bola de hielo...

Al principio la Tierra era una bola cubierta de lava que, con el tiempo, se fue enfriando. Pero, hace unos 4000 millones de años, una impresionante lluvia de asteroides cayó sobre nuestro planeta. Se cree que con ellos llegó el elemento fundamental para la vida: el agua. Se formaron los ríos y los océanos, y también aparecieron las primeras plantas, capaces de sobrevivir con la energía del Sol y que generaron oxígeno.

Y no te pierdas lo que sucedió luego: hace unos 650 millones de años, ¡la temperatura de la Tierra bajó hasta los -50°C! Una enorme capa de hielo de 3 kilómetros de grosor cubrió el planeta durante unas cuantas decenas de millones de años.

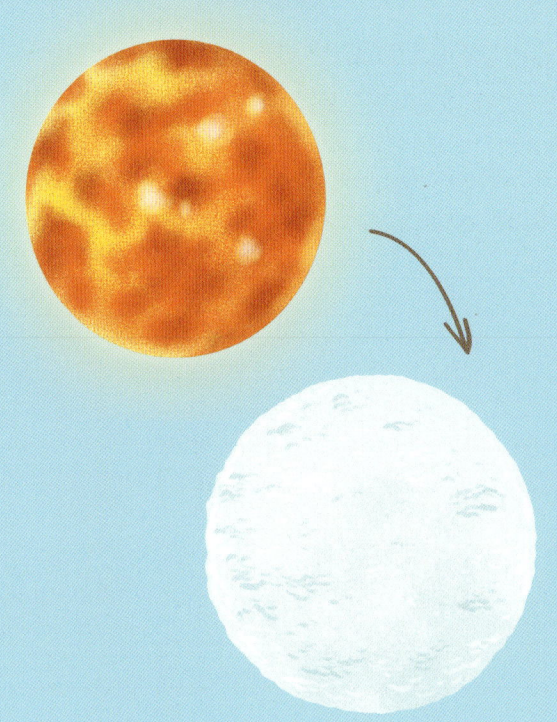

... hasta convertirse en mundo acuático

Por suerte, el frío pasó y la temperatura de la Tierra aumentó. El deshielo hizo subir el nivel de los mares y la atmósfera volvió a llenarse de oxígeno. La vida, que casi había desaparecido del planeta, se recuperó… ¡Y de qué manera! Hace unos 540 millones de años empezó el periodo cámbrico y en los océanos se produjo la mayor explosión de vida que se haya visto jamás: surgieron miles y miles de especies de animales y plantas.

Las placas tectónicas

Lo que convierte la Tierra en un planeta rocoso peculiar es la litosfera. Esta capa, cuyo nombre significa 'la esfera de las piedras', está compuesta por la corteza y la parte del manto que está justo debajo de ella. Se trata de un estrato sólido cuya principal característica es que está fragmentado, como si fuera la cáscara de un huevo que se ha roto. Cada una de las partes «rotas» son las llamadas placas tectónicas, que se mueven muy lentamente y tienen por debajo un enorme mar incandescente, el material fundido del manto. Sus movimientos, choques y separaciones son los responsables de que, a lo largo de millones de años, se hayan formado cordilleras, montañas, fosas oceánicas o volcanes. Es decir, ¡sin ellas la Tierra sería un lugar más bien aburrido!

Pangea

El movimiento de las placas tectónicas hace que la superficie de la Tierra cambie con el paso del tiempo. En este dibujo de aquí vemos cómo era la superficie terrestre hace unos 300 millones de años. A ese único supercontinente que reunía todas las tierras emergidas lo llamamos Pangea. Hace unos 200 millones de años empezó a separarse hasta formar los continentes actuales. Pero, como las placas siguen moviéndose, los geólogos calculan que dentro de otros 250 millones de años volverá a haber un único supercontinente: Pangea Última. ¿Cómo nos llamaremos entonces? ¿Pangeanos ultimanos?

Pangea

LA LUNA

Es el satélite natural de la Tierra, es decir, un cuerpo celeste que da vueltas alrededor de nuestro planeta. Asimismo, es el que vemos más grande y brillante en el cielo. Como es más pequeña que la Tierra y tiene menos masa, también tiene una menor fuerza de gravedad. Eso significa que, si pasearas por la Luna, ¡darías saltos en lugar de pasos! Sin embargo, su fuerza de gravedad da estabilidad a la Tierra y la ayuda a mantener su eje. También es la responsable de que las mareas suban y bajen. Eso sí, cada año la Luna se aleja más o menos 1 centímetro de nuestro planeta.

ÓRBITA A LA TIERRA: 27 DÍAS TERRESTRES, 7 HORAS Y 43 MINUTOS

DISTANCIA DESDE LA TIERRA: 384 400 KM

ANILLOS: 0

HABITABILIDAD: 0

GRAVEDAD: 6 VECES MENOS QUE EN LA TIERRA

MISIONES: 6

NAVES ENVIADAS: 105

ASTRONAUTAS QUE LA HAN PISADO: 12

La historia de la Luna

Hace unos 4500 millones de años, cuando la Tierra se estaba formando y era una masa de roca incandescente, se chocó con otro planeta que rondaba por el universo. ¡BUMBA! Este otro planeta se llamaba Tea y era bastante más pequeño que la Tierra.

Las rocas dispersadas de Tea junto a la parte de la Tierra que salió hacia el espacio se acabaron agrupando y formaron otro cuerpo celeste, la Luna.

La pobre Tea quedó destrozada y se descompuso en muchísimas rocas, mientras que de la Tierra apenas salió disparada hacia el espacio una pequeña parte de su superficie.

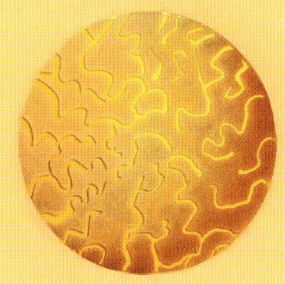

Durante varios millones de años, la Luna era incandescente y estaba cubierta de lava.

Después, se enfrió hasta transformarse en una gran esfera rocosa gris y sin atmósfera.

¿Hay agua en la Luna?

En 2008, la misión india Chandrayaan-1 detectó moléculas de agua esparcidas por la superficie lunar y concentradas en los polos. ¡Menuda sorpresa! Otras misiones descubrieron que hay concentraciones de hielo en las zonas polares que están permanentemente en la sombra. ¡Pero todavía hay más! En 2020, se detectaron moléculas de agua en el cráter Clavius, uno de los más grandes de la Luna, que es visible desde la Tierra.

Entre cráteres y volcanes

La superficie lunar está llena de cráteres provocados por la colisión de meteoritos, asteroides y cometas que chocan contra ella. ¿Que por qué están ahí? Porque la atmósfera de la Luna es tan fina que no consigue descomponer los cuerpos que caen en ella.

Además de los cráteres, la Luna tiene mares, pero no son de agua. Son cuencas producidas por impactos que se llenaron de lava hace algunos millones de años. A su vez, tiene zonas claras que se conocen como las tierras altas. Tanto en las zonas claras como en los mares, hay restos de rocas de épocas muy distintas que nos indican que, en un pasado, en la corteza cristalizó un océano de magma. Hoy sabemos que tiempo atrás la Luna tuvo volcanes activos. En la actualidad están todos dormidos y no han tenido erupciones desde hace millones de años.

Rotación y revolución

Además de girar alrededor de la Tierra (con el llamado movimiento de rotación), la Luna también gira sobre sí misma, igual que hacen los planetas (a este movimiento se lo llama revolución). Como tarda más o menos lo mismo en girar sobre sí misma que en dar una vuelta a la Tierra, hay un lado de la Luna que siempre nos da la espalda. ¡Es la cara oculta de la Luna!

Las fases de la Luna

Ya te habrás dado cuenta de que, desde la Tierra, no siempre vemos la Luna igual. Esto se debe a las fases de la Luna, que se explican por la posición en la que se encuentra el satélite respecto a la Tierra. El Sol siempre ilumina una mitad de la Luna, pero desde la Tierra vemos una parte más o menos grande de esta mitad iluminada en función de dónde esté.

| Creciente cóncava | Cuarto creciente | Creciente convexa | Llena | Menguante convexa | Cuarto menguante | Menguante cóncava |

Programa Apolo

Entre 1960 y 1970, la NASA (la agencia espacial estadounidense) envió nueve misiones a la Luna. De ellas, seis lograron alunizar: Apolo 11, 12, 14, 15, 16 y 17. La más conocida por todos es la misión Apolo 11, en la que Neil Armstrong y Buzz Aldrin consiguieron alunizar por primera vez en la historia.

Apolo 11

- Lanzamiento: 16 de julio de 1969
- Alunizaje: 20 de julio de 1969
- Vuelta a la Tierra: 24 de julio de 1969, océano Pacífico
- Duración del viaje: 8 días
- Tripulación: Neil Armstrong, Edwin E. Aldrin y Michael Collins

Apolo 12

- Lanzamiento: 14 de noviembre de 1969
- Alunizaje: 19 de noviembre de 1969, océano de las Tormentas
- Vuelta a la Tierra: 24 de noviembre de 1969, océano Pacífico
- Duración del viaje: 10 días
- Tripulación: Charles Conrad Jr, Alan L. Bean y Richard F. Gordon Jr.

Apolo 14

- Lanzamiento: 31 de enero de 1971
- Alunizaje: 5 de febrero de 1971, cráter Fra Mauro
- Vuelta a la Tierra: 9 de febrero de 1971, océano Pacífico
- Duración del viaje: 9 días
- Tripulación: Alan B. Shepard Jr., Stuart A. Roosa y Edgar D. Mitchel

Apolo 15

- Lanzamiento: 26 de julio de 1971
- Alunizaje: 30 de julio de 1971, Rima Hadley
- Vuelta a la Tierra: 7 de agosto de 1971, océano Pacífico
- Duración del viaje: 12 días
- Tripulación: David R. Scott, James B. Irwin y Alfred M. Worden

Apolo 16

- Lanzamiento: 16 de abril de 1972
- Alunizaje: 20 de abril de 1972, cráter Descartes
- Vuelta a la Tierra: 27 de abril de 1972, océano Pacífico
- Duración del viaje: 11 días
- Tripulación: John W. Young, Charles M. Duke Jr. y Thomas K. Mattingly II

Apolo 17

- Lanzamiento: 7 de diciembre de 1972
- Alunizaje: 11 de diciembre de 1972, Taurus Littrow
- Vuelta a la Tierra: 19 de diciembre de 1972, océano Pacífico
- Duración del viaje: 12 días
- Tripulación: Eugene A. Cernan, Harrison H. Schmitt y Ronald E. Evans

LOS ECLIPSES

Si te gusta el juego del escondite, tienes que saber que no eres el único. ¡A las estrellas y demás cuerpos del universo también! El eclipse es un fenómeno natural en el que los astros se ocultan unos detrás de otros. Desde la Tierra, podemos ver dos tipos de eclipses: los solares y los lunares.

ECLIPSE: FENÓMENO NATURAL
ETIMOLOGÍA: VIENE DEL GRIEGO Y SIGNIFICA 'DESAPARECER'
TIPOS: SOLARES, LUNARES Y DE OTROS CUERPOS

Eclipse solar

El eclipse solar se da cuando el Sol, la Luna y la Tierra se alinean y, en este caso, quien queda oculto es el Sol. Fíjate en la ilustración: en ella vemos que la Luna se interpone entre el Sol y la Tierra, y como resultado nos tapa el Sol. La Luna está tan cerca de la Tierra, que por pequeña que sea en comparación con el Sol, consigue ocultarlo. Para ser exactos, el diámetro de la Luna es unas 400 veces más pequeño que el del Sol, pero también está casi 400 veces más cerca de la Tierra que de nuestra estrella. O sea, una cosa compensa la otra, de manera que ambos parecen casi iguales. Es una coincidencia increíble que hace que se solapen, como si fuesen dos monedas una sobre otra.

Eclipse solar

¿Quién se esconde? El Sol

Alineación: Sol – Luna – Tierra

¿Cada cuánto se producen? Unas dos veces al año

¿Quién puede verlo? Los que se encuentran en las zonas de sombra o de penumbra

Curiosidato

Durante un eclipse total, reina una oscuridad similar a la del final de un atardecer y se pueden ver los planetas y las estrellas más brillantes. Las temperaturas descienden varios grados y el viento cambia de dirección. La fase de totalidad dura muy poco, entre 7 y 8 minutos.

Zona de sombra

Zona de penumbra

Eclipse total

Los eclipses solares no se ven de la misma forma desde todos los puntos de la Tierra. Si te fijas en la ilustración inferior, hay una parte que queda totalmente en la sombra. Desde ahí, se puede observar el llamado «eclipse total», en el que la Luna cubre totalmente el disco del Sol y, como mucho, se puede ver la corona solar, que parece rodear a nuestro satélite como un anillo.

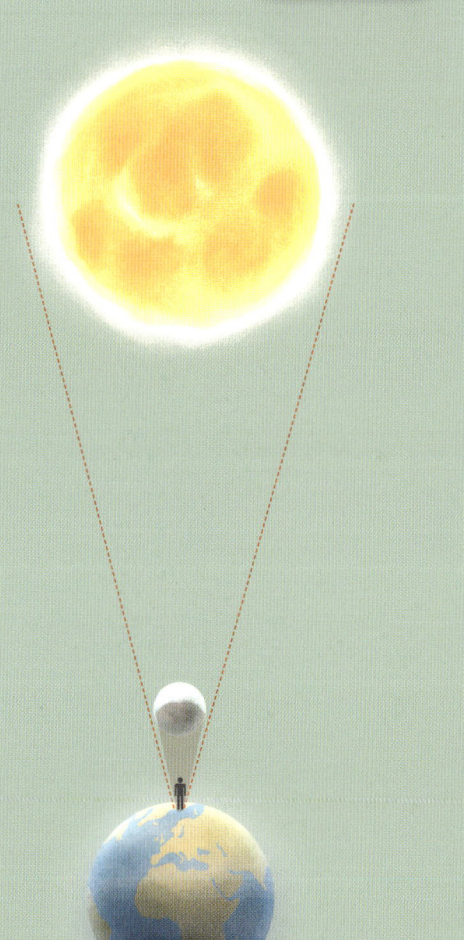

Eclipse parcial

En cambio, otras zonas quedan en la penumbra. Allí el eclipse es menos espectacular. Lo que se ve desde esta parte es el llamado «eclipse parcial», en el que la Luna solo cubre una parte del Sol, o sea, no se ve desaparecer por completo el disco solar, sino que una de sus partes queda siempre visible a lo largo del eclipse.

¡Protégete la vista!

Mirar el Sol directamente puede dañarte la vista e incluso producirte ceguera. Por eso, para observar un eclipse hay que usar siempre unas protecciones especiales, o sea, unos filtros elaborados expresamente para proteger la vista con los que se pueden hacer unas «gafas para eclipses», por ejemplo. Se deben utilizar incluso cuando se vea solo un trocito de disco solar.

Eclipse lunar

El eclipse lunar se da cuando se alinean el Sol, la Tierra y la Luna, en este orden. Al principio, la Luna está iluminada como siempre, pero poco a poco se va oscureciendo mientras adquiere un color rojizo, hasta que al final casi no se puede distinguir. El eclipse lunar se puede ver desde toda la zona de la Tierra en la que es de noche cuando se produce.

Eclipse lunar

¿Quién se esconde? La Luna

Alineación: Sol – Tierra – Luna

¿Cada cuánto se producen? Unas dos veces al año

¿Quién puede verlo? Todo aquel que esté donde es de noche

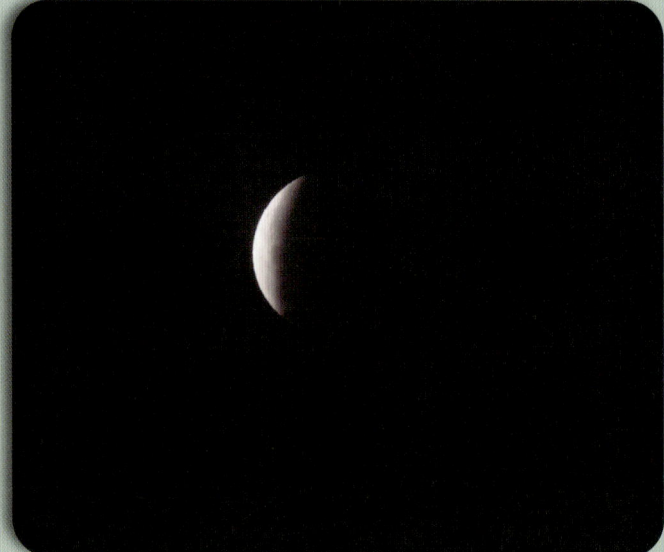

Así es como los humanos veis la Luna durante un eclipse lunar. ¿Y esta minucia os parece espectacular?

Otros eclipses

No creas que esto de los eclipses es un privilegio exclusivo de la Tierra. ¡Los hay en todo el universo!

Esto es el Sol visto desde la superficie de Marte. Espectacular, ¿verdad? Marte tiene dos satélites, Fobos y Deimos, y cuando alguno de ellos se sitúa entre el Sol y Marte se produce el equivalente a nuestros eclipses solares… ¡pero marcianos! En este caso son eclipses parciales, porque las lunas de Marte son muy pequeñitas y no cubren por completo el disco solar, como puedes ver en la imagen de debajo, en la que se puede apreciar a Fobos frente al Sol.

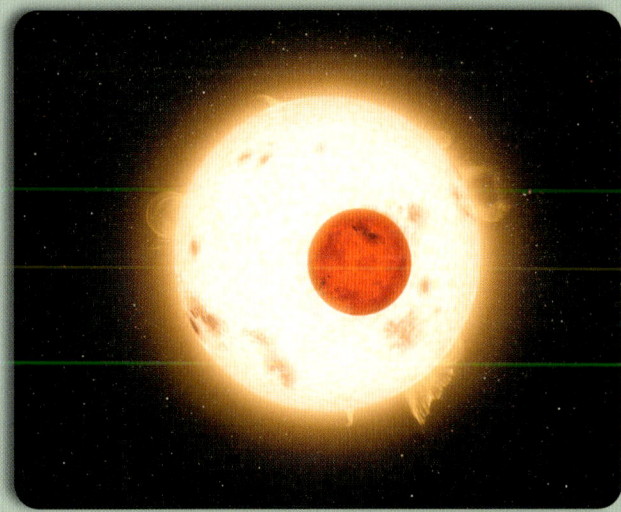

Este otro eclipse es aún más increíble: el planeta Kepler-16b, que está fuera del sistema solar, tiene dos soles. A veces, su pequeño sol rojo se coloca detrás del grande, que es de color naranja. Otras veces, en cambio, el sol rojo se pone delante del naranja, como aquí. ¡Un eclipse solar con dos soles!

¡Parece un ojo enorme en el cielo!

MARTE

Lo conocemos como el planeta rojo por el característico color de su superficie. ¿A qué se debe? Al óxido de hierro que la recubre, un elemento que tiñe de color rojo tanto las rocas como la sangre que corre por nuestras venas. Además, la superficie de Marte, está llena de cráteres, que se formaron por los impactos de meteoritos, volcanes y tormentas de polvo que lo han convertido en un lugar fascinante.

TIPO DE PLANETA: TERRESTRE
GRAVEDAD: IGUAL QUE EN MERCURIO
DISTANCIA DEL SOL: 1,5 UA
HABITABILIDAD: 0
SATÉLITES: 2
ANILLOS: 0

¿Por qué se llama Marte?

Los antiguos romanos apodaron al planeta igual que al dios de la guerra, Marte, debido a su color rojizo, que les hacía pensar en la sangre del campo de batalla. Otras civilizaciones, como los antiguos egipcios, por ejemplo, lo llamaron «el planeta rojo», que es una forma común y que seguimos usando en la actualidad para referirnos a él.

Monte Olimpo

En Marte se encuentra la montaña más alta del sistema solar, el llamado Monte Olimpo. Mide unos 25 kilómetros de altura desde la base (recuerda, nuestro Everest «solo» mide 8,8 kilómetros…) y está flanqueado por grandes acantilados de hasta 6 kilómetros de profundidad. En realidad, se trata de un volcán que tiene seis chimeneas. Su base mide 600 kilómetros de diámetro, que equivalen a la superficie de Ecuador. ¡Es enorme! A su alrededor, se encuentra el Tharsis, una meseta que contiene otros volcanes, mucho más pequeños que el Olimpo.

¿Agua en Marte?

El planeta tal y como lo vemos hoy no tiene nada que ver con lo que fue en un pasado remoto. Marte tuvo lagos, ríos caudalosos y, probablemente, mares y océanos llenos de agua, como los que tenemos aquí en la Tierra. Eso es debido a que tenía una atmósfera más densa que la actual, que hacía que el efecto invernadero fuera mayor y el planeta fuera más cálido que ahora. Actualmente, el agua líquida es muy escasa, pero en los polos y bajo el suelo queda hielo. Marte se ha vuelto un planeta más bien frío, con una temperatura similar a la del Polo Sur en la Tierra.

Me pregunto si en aquella época también habría peces marcianos…

Misiones

Marte es el planeta más estudiado después de la Tierra. ¡Nos fascina! Las primeras descripciones del planeta rojo son de hace unos 4000 años, cuando los antiguos egipcios intentaron dibujar su órbita en el cielo. Por ahora, ninguna persona ha conseguido pisar Marte, pero hemos enviado varias naves que han explorado tanto su superficie como su atmósfera y su órbita. A lo mejor algún día conseguimos enviar una misión tripulada… ¿Y si tú acabas siendo el primer humano en pisar este planeta?

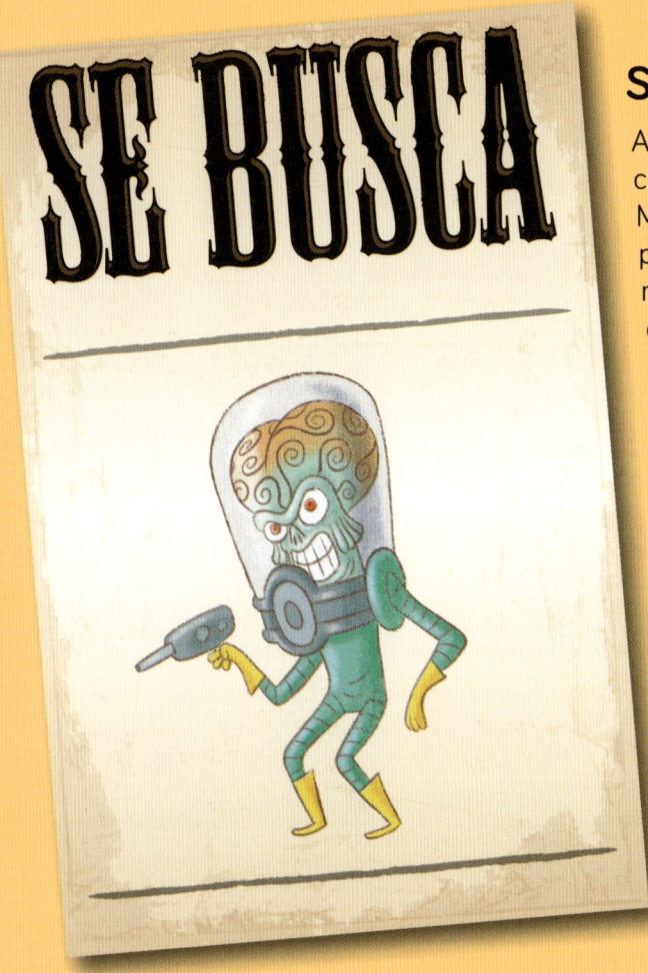

Se buscan marcianos

A finales del siglo XIX, varios astrónomos creyeron ver canales sobre la superficie de Marte con sus telescopios. Algunas personas pensaron que habían sido creados por una misteriosa civilización extraterrestre, lo que dio lugar a la leyenda de la existencia de los marcianos. Sin embargo, aquellos canales eran simples ilusiones ópticas causadas por la escasa precisión de los telescopios de la época. En realidad, en Marte existen canales, surcos y valles que los antiguos ríos excavaron sobre la superficie, pero son estructuras que no pueden verse desde la Tierra.

Hoy en día, sabemos que Marte no puede albergar vida, pero los científicos creen que sí pudo hacerlo tiempo atrás, cuando el planeta era más cálido y estaba cubierto de agua.

El descubridor de las lunas de Marte

Imagínatelo por un momento. Estamos en el año 1877, mes de agosto, en Estados Unidos. Un astrónomo llamado Asaph Hall (1829-1907) lleva días y días (por no decir meses) tratando de descubrir desde el Observatorio Naval de Washington si Marte tiene lunas o no. Aunque sus cálculos parecían indicar que Marte tenía satélites, un día Asaph volvió a casa desanimado y le contó a su mujer, Angeline, que iba a desistir en su búsqueda. Ella le dijo que no, que de ninguna de las maneras podía tirar la toalla. Así que Asaph Hall continuó buscando en el cielo con el gran refractor del Observatorio y, la noche después de que Angeline lo animara a continuar, ¡hop, descubrió Deimos! Y, seis noches después, ¡Fobos! ¡Imagínate si se hubiera rendido!

Lunas-patata

Las dos lunas de Marte, Fobos y Deimos, son bastante pequeñas y con forma de patata. De hecho, no tienen gravedad suficiente para adquirir una forma esférica. Deimos solo tiene 14 kilómetros de anchura y su gravedad es tan débil que, si superaras los 20 kilómetros por hora, corriendo un poco rápido, y saltaras, ¡podrías salir volando al espacio!

Hay quien piensa que se trata de simples asteroides capturados por la gravedad de Marte y otros creen que son el resultado de un fuerte impacto que lanzó al espacio algunos trozos del planeta rojo.

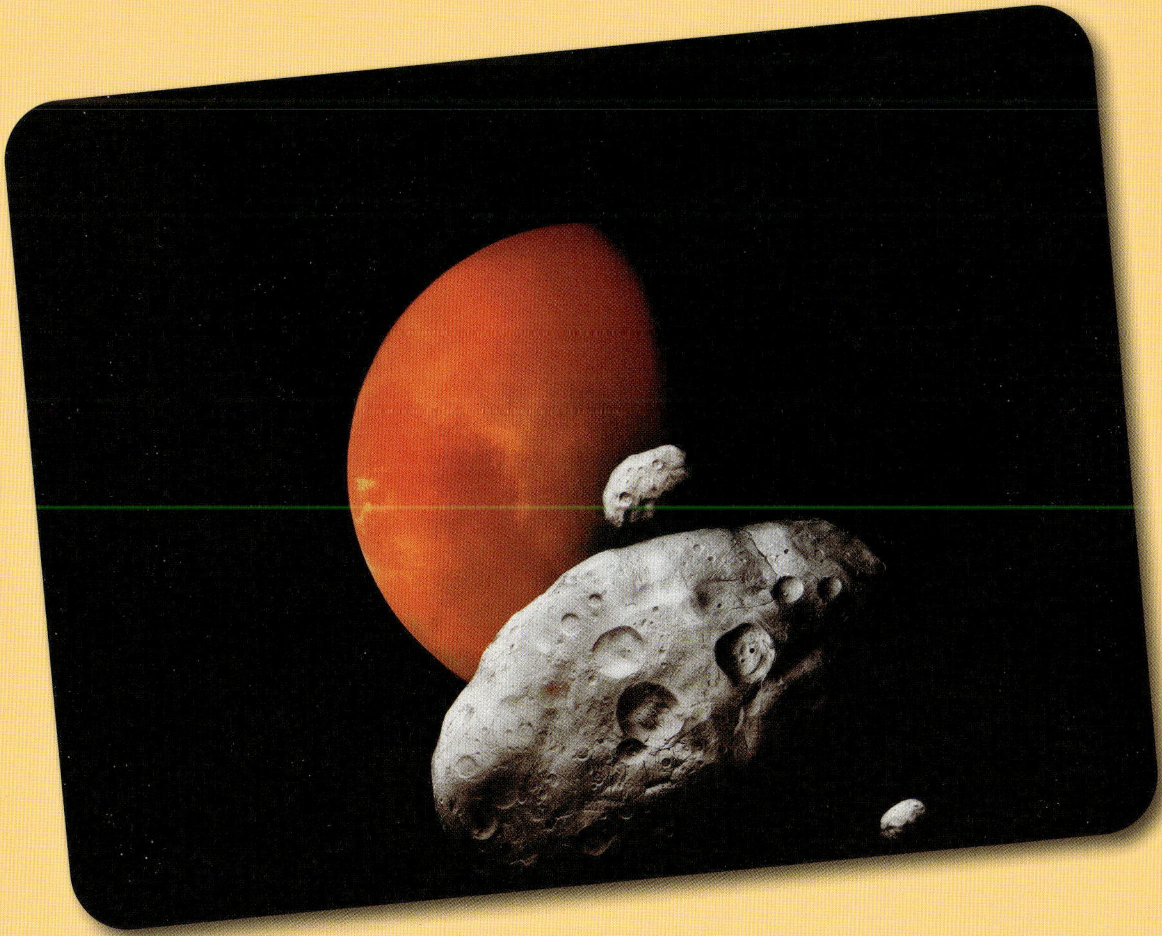

JÚPITER

Este es, con diferencia, el planeta más grande del sistema solar. ¡Es tres veces más macizo que Saturno, y cabrían unas 1300 Tierras en él! Es más: si pusiéramos en una balanza a Júpiter en un lado y al resto de planetas del sistema solar en el otro, ¡Júpiter pesaría más!

Se compone de gases, fundamentalmente de helio e hidrógeno, igual que las estrellas. De hecho, Júpiter podría haber sido una estrella, pero no creció lo suficiente para encenderse y convertirse en un astro emisor de luz, así que tuvo que conformarse con ser un planeta (gigantesco).

TIPO DE PLANETA: GASEOSO

GRAVEDAD: 2,5 VECES MÁS QUE EN LA TIERRA

DISTANCIA DEL SOL: 5,2 UA

HABITABILIDAD: 0. PERO ALGUNAS DE SUS LUNAS PODRÍAN ALBERGAR VIDA

SATÉLITES: 80

ANILLOS: SÍ, DE POLVO

¿Por qué se llama Júpiter?

Los antiguos romanos le pusieron el mismo nombre que tenían para el rey de los dioses, Júpiter, la más poderosa de todas sus divinidades.

Calor interior

Como todos los gigantes gaseosos, Júpiter tiene una capa externa de gas que recubre otra capa líquida compuesta de hidrógeno. A medida que se avanza hacia el centro del planeta, el hidrógeno, por efecto de la presión, pasa de un estado gaseoso a líquido. Por eso, bajo la capa de nubes hay un océano: una enorme masa líquida formada, sobre todo, por este gas. Pero no te lo imagines con olas y espuma como los mares terrestres: adentrarse en Júpiter es como atravesar una niebla que se transforma gradualmente en líquido. En el centro del planeta, la presión de los gases y de los líquidos que hay encima es tan intensa que Júpiter se calienta muchísimo: ¡llega a los 25 000 grados!

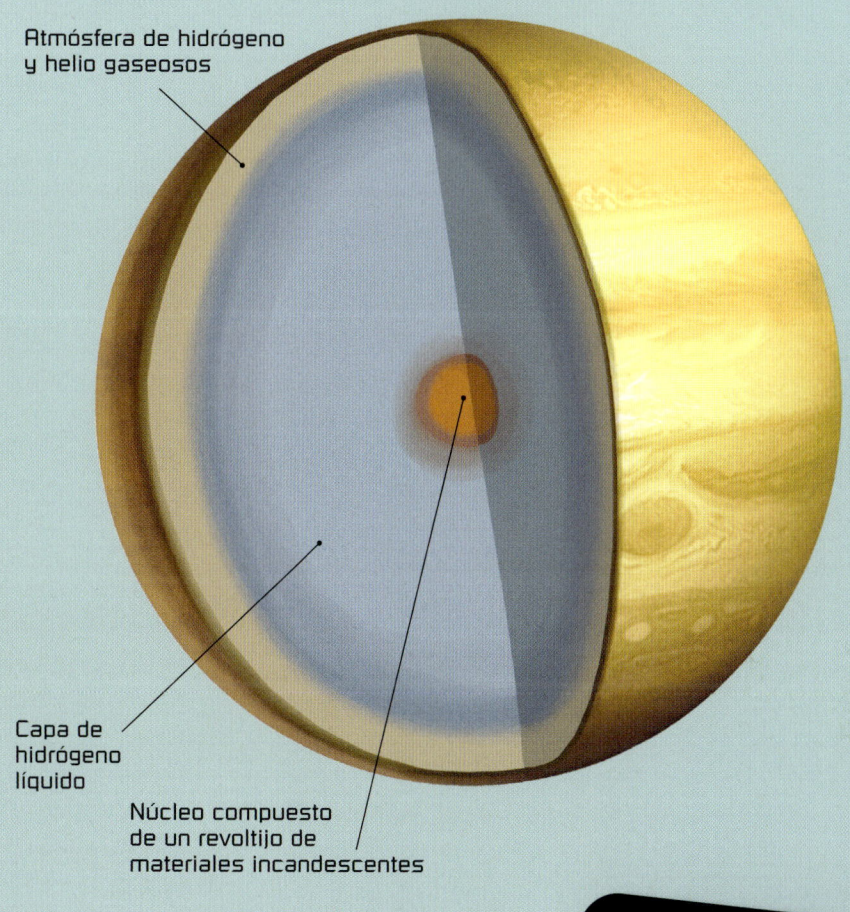

Atmósfera de hidrógeno
y helio gaseosos

Capa de
hidrógeno
líquido

Núcleo compuesto
de un revoltijo de
materiales incandescentes

Los gases de Júpiter son los responsables de que veamos rayas y remolinos en su superficie, ya que se mueven como nubes. Las más claras son las nubes altas y frías, y las más bajas son las oscuras y calientes.

Un planeta lunático

Júpiter es uno de los planetas del sistema solar con más satélites naturales orbitando a su alrededor. ¡Nada más y nada menos que 80! Y lo más interesante es que sus lunas son muy variadas y nos ofrecen datos de récord. Ío, por ejemplo, una de las lunas más grandes, cuenta con más de 400 volcanes en activo. ¡Es el cuerpo volcánico más activo del sistema solar!

Otro de sus satélites, llamado Europa, tiene la superficie más lisa de todos los cuerpos del sistema solar. Los científicos creen que es debido a que debajo de su corteza se esconde un mar de agua, y ya sabemos que el agua trae la vida… Aunque todavía queda mucho por investigar, las hipótesis están servidas.

Aquí abajo te mostramos los 4 satélites o lunas más grandes, los primeros en ser descubiertos por Galileo en 1610.

Ío   Europa   Ganimedes   Calisto

Satélites mitológicos

Muchos de los satélites de Júpiter tienen nombres de personajes mitológicos relacionados con el gran dios romano que da nombre al planeta. Por ejemplo, Ganimedes, el muchacho que le llenaba la copa con su bebida preferida, o Europa, una hermosa muchacha de la que se enamoró, o Calisto, una ninfa que también le gustaba a Zeus y con la que tuvo un hijo llamado Arcas.

Calisto

La Gran Mancha Roja

Todas las manchas que hay sobre Júpiter son enormes tormentas. No hay montañas para bloquearlas, así que estos vórtices duran cientos de años o más sin detenerse en ningún momento. La más espectacular es la Gran Mancha Roja, una mancha titánica de color ladrillo en la superficie del planeta. Es una tormenta gigantesca con un diámetro el doble de grande que el de la Tierra.

Misiones en Júpiter

Se han enviado nueve sondas a Júpiter, de las cuales siete hicieron un vuelo de reconocimiento y dos orbitaron alrededor del planeta. Esta que ves aquí es la Galileo, que llegó a Júpiter en 1995. En 2003 la sonda terminó sus días adentrándose 200 kilómetros en la atmósfera del planeta… ¡hasta quedar destruida por la presión! Pero al menos, mientras duró su misión, tuvo tiempo de enviar información a la Tierra.

SATURNO

Es el segundo planeta más grande del sistema solar después de Júpiter y, como él, es un gigante gaseoso compuesto sobre todo de hidrógeno y helio. A Saturno lo conocemos especialmente por sus anillos, sin duda los más espectaculares del sistema solar.

TIPO DE PLANETA: GIGANTE GASEOSO

GRAVEDAD: UN POQUITO MÁS QUE EN LA TIERRA

DISTANCIA DEL SOL: 9,6 UA

HABITABILIDAD: IMPOSIBLE, PERO ALGUNAS DE SUS LUNAS PODRÍAN ALBERGAR VIDA

SATÉLITES: 82

ANILLOS: 7

¿Por qué se llama Saturno?

Saturno es el planeta más lejano que consiguieron vislumbrar los antiguos romanos. Dado que su órbita está más alejada que la de Júpiter, los romanos lo llamaron Saturno, como el padre del rey de los dioses.

Los anillos de Saturno

Están formados por fragmentos de hielo y de piedra cubiertos de una capa de otros materiales como polvo. No se sabe cómo se formaron. Podrían estar hechos de pedazos de cometas, asteroides y lunas que se descompusieron antes de alcanzar el planeta.

Estos fragmentos tienen distintos tamaños. Pueden ser tan minúsculos como semillas, pero también tan grandes como una casa, y algunos incluso llegan a ser del tamaño de una montaña. Los anillos rotan alrededor de Saturno a distintas velocidades. Si los observáramos desde lo alto de Saturno, veríamos como una especie de disco de color blanco con un grosor de entre 10 metros y 1 kilómetro, según la zona.

Aunque estos anillos nos han maravillado siempre, ¡algún día dejarán de hacerlo! Los fragmentos que los forman caen continuamente hacia el planeta, por lo que en cierto momento desaparecerán. Eso sí, aún tardarán al menos 100 millones de años en hacerlo.

O sea, en mi época, ¡Saturno no tenía anillos!

Curiosidato

El origen de los anillos de Saturno sigue siendo un misterio. Una teoría sostiene que son los fragmentos de una luna que se desintegró, quizá tras el impacto de un asteroide, hace entre 50 y 100 millones de años, es decir, después de la era de los dinosaurios.

Un huracán de seis lados

Saturno posee una extraña figura geométrica en el polo norte. Es un hexágono y está formado por nubes y, aunque parece pequeño, cada uno de sus lados es más largo que la Tierra.

En el centro de esta curiosa tormenta geométrica arrecia un terrible huracán, en el que los vientos soplan a más de 300 kilómetros por hora. ¡Un tifón terrestre no es nada a su lado!

Un gigante que flota

Saturno es el planeta con menor densidad, inferior incluso a la del agua. Eso significa que, si se lanzara a una piscina, flotaría. Aunque, para hacer esa prueba, necesitarías una piscina de al menos ¡120 000 kilómetros de largo!

Un mini-sistema solar dentro del sistema solar

Saturno tiene 53 lunas conocidas y están pendientes de confirmación 29 más. Esto hace un total de 82 satélites orbitando a su alrededor. Casi podríamos decir que es un mini-sistema solar dentro del sistema solar… Pero ¡ojo!, con una diferencia importante: en vez de rotar alrededor de una estrella, lo hacen alrededor de un planeta. La más grande es Titán y algunas de las otras más importantes son Rea, Jápeto, Dione y Tetis.

Rea   **Jápeto**   **Dione**   **Tetis**

Como habrás adivinado, los nombres también proceden de la mitología grecorromana. ¡Qué poco originales sois los humanos!

¿Un paseo por Titán?

Titán es uno de los cuerpos del sistema solar que más fascinan a los científicos. Es el satélite más grande de Saturno y tiene una atmósfera lo suficientemente densa como para pensar que puede albergar vida. Es, junto con la Tierra, el único astro del sistema que contiene metano en su atmósfera. Titán está compuesto sobre todo de hielo y material rocoso. En este satélite hay vientos y lluvias, como en la Tierra, y también dunas, ríos, lagos y mares, e incluso estaciones. Está claro que dan ganas de seguir investigándolo, ¿verdad?

URANO

Urano es el tercer planeta más grande del sistema solar después de Júpiter y Saturno. Y en lo que sí que no le gana nadie es en el frío. Aunque su temperatura máxima es bastante elevada (195 °C), la mínima llega nada más y nada menos que a los -225 °C. ¡Abrígate bien y coge guantes y bufanda!

TIPO DE PLANETA: GASEOSO, GIGANTE DE HIELO

GRAVEDAD: UN POQUITO MENOS QUE EN LA TIERRA

DISTANCIA DEL SOL: 19,2 UA

HABITABILIDAD: 0

SATÉLITES: 27

ANILLOS: 13

¿Por qué se llama así?

Para los antiguos griegos, Urano era el dios del cielo y el padre de Crono (Saturno para los romanos). Cuando se descubrió el planeta, la comunidad científica lo bautizó así para continuar con el orden de los planetas precedentes que también tenían nombres relacionados con la mitología grecorromana: Júpiter era el rey de los dioses, le seguía Saturno, el padre de Júpiter, y ahora tocaba seguir con el padre de Saturno, Urano.

Un gigante helado con corazón caliente

Las nubes que constituyen la superficie visible de Urano se superponen a una atmósfera compuesta por hidrógeno, helio y metano, que es el gas que le da ese color azulado y verdoso.

Bajo la atmósfera se encuentra el manto, que en este caso es una capa de líquido denso formado por agua y otros compuestos como amoníaco. Finalmente, el centro de Urano tiene un pequeño núcleo rocoso: a pesar del frío que hace en este planeta, en su centro se alcanzan temperaturas cercanas a los 5000 °C.

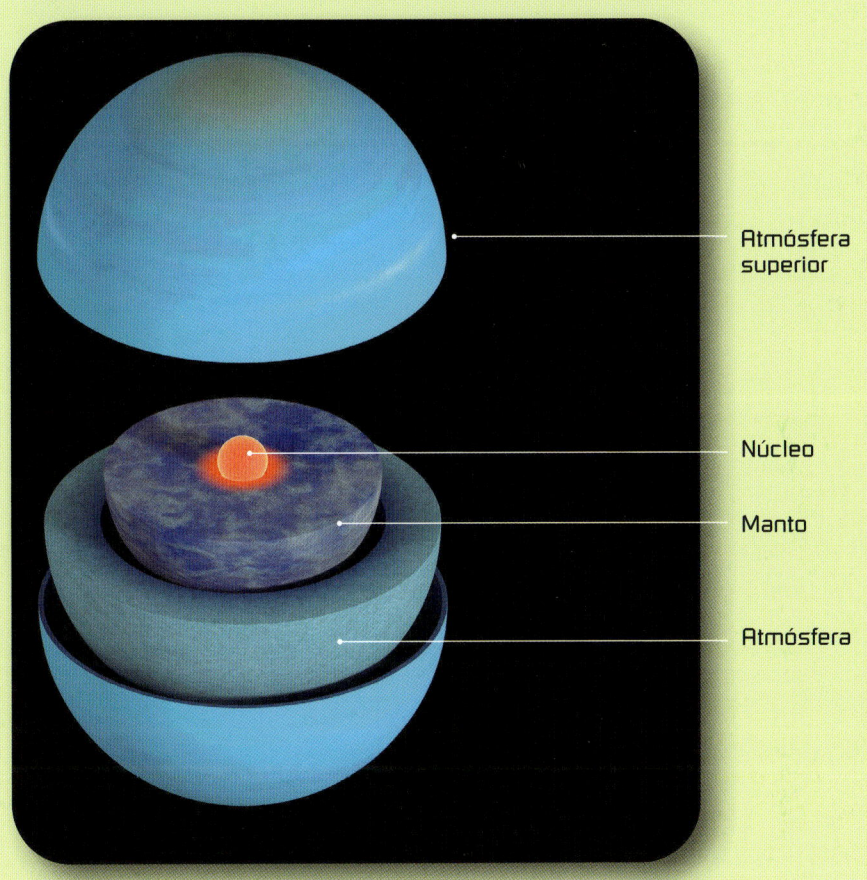

Atmósfera superior

Núcleo

Manto

Atmósfera

Curiosidato

Bajo su manto azul Urano alberga huracanes con ráfagas de viento que llegan a los 900 kilómetros por hora.

Un lugar ideal para patinar, ¿verdad, Sid?

Un descubrimiento telescópico

Urano fue el primer planeta descubierto gracias a la ayuda de un telescopio, pues es imposible verlo a simple vista. El científico que lo descubrió en 1871, William Herschel, pensó, al principio, que podría ser un cometa. Pero, gracias al astrónomo Johann Elert Bode, dos años después se confirmó que Urano daba vueltas alrededor del Sol y que, por lo tanto, era un planeta.

William Herschel

Johann Elert Bode

Un planeta torcido

Si te fijas, te puede parecer que Urano es un planeta un poco perezoso, ¡porque está tumbado! A diferencia de los demás planetas, que giran como peonzas alrededor de un eje más o menos vertical, como la Tierra, Urano está casi volcado sobre un costado y parece que ruede en el espacio como una pelota. Esto hace que el Sol incida en los polos del planeta de forma muy diferente a la que estamos acostumbrados en la Tierra: cada polo tiene un ciclo de 42 años de luz y, luego, otro de 42 años de oscuridad.

¡Menudo manta está hecho este Urano!

Anillos y colores

Los 13 anillos de Urano están repartidos en tres grupos. El primero está formado por 9 anillos muy finos, de apenas unos cuantos kilómetros de anchura y de color gris oscuro, que están bastante cerca de Urano. Luego hay dos anillos de polvo: uno de ellos es el más cercano al planeta. Finalmente, hay dos anillos exteriores que tienen colores más intensos (uno rojizo y otro azulado) y son más brillantes. No son tan espectaculares como los de Saturno, ¡pero tampoco están nada mal!

Curiosidato

En la región del polo norte, Urano tiene una franja blanca que parece una nube y que en realidad es una tormenta descomunal.

Mira Miranda

Por si no tuviera poco con sus 13 anillos, Urano también tiene 27 satélites naturales. Todos tienen nombres de personajes de las obras de William Shakespeare y Alexander Pope: Ariel, Umbriel, Titania, Oberón, Miranda… Este último es una de las lunas principales y más impresionantes de Urano: su cuerpo es casi esférico y en su superficie encontramos una gran cantidad de agua helada. Tiene unos cañones enormes que pueden llegar hasta casi 20 kilómetros de profundidad, es decir, mucha más que el Gran Cañón del Colorado (Estados Unidos), el más grande que tenemos en la Tierra.

NEPTUNO

Se trata del planeta más lejano del sistema solar y también el más ventoso. Como Urano, se considera un gigante de hielo, pero es más denso que él. Se cree que hay un océano de agua caliente bajo sus nubes y que en su interior podría contar con un núcleo sólido como el que hay en la Tierra. En la superficie, encontramos varios gases, sobre todo hidrógeno, helio y metano. Neptuno también rota torcido en su eje, pero no tanto como Urano, que se lleva la palma.

TIPO DE PLANETA: GASEOSO, GIGANTE DE HIELO
GRAVEDAD: ALGO MÁS QUE EN LA TIERRA
DISTANCIA DEL SOL: 30,1 UA
HABITABILIDAD: 0
SATÉLITES: 14
ANILLOS: 5

La única sonda que ha visitado Neptuno es la Voyager 2, en 1989, durante su viaje a los confines del sistema solar. Y visitar es un decir, porque lo más cerca que estuvo fue... ¡a 5000 kilómetros!

¿Por qué se llama así?

Neptuno era el dios del mar para los antiguos romanos. Cuando el descubridor del planeta, Johann Galle, vio lo azul que era a través del telescopio, quiso ponerle ese nombre para continuar con la tradición de que cada planeta tome el nombre de un dios romano.

Un descubrimiento matemático

Esto seguro que te dejará alucinado: los primeros
en calcular que debía existir un planeta todavía
desconocido en los confines del sistema solar fueron…
¡matemáticos! Concretamente fue el de la imagen de
al lado, Urbain Le Verrier, un científico francés (1811-
1877) que se especializó en mecánica celeste, es decir,
la ciencia que estudia el movimiento de los cuerpos
en el cosmos. Le Verrier pasó toda la información
que había recopilado al astrónomo alemán Johann
Gottfried Galle (1812-1910), quien, con la ayuda de un
telescopio, logró vislumbrar Neptuno por primera vez
en la historia.

Los géiseres de Tritón

De todas las lunas de Neptuno, hay una que destaca por su singularidad: Tritón. Se trata del
satélite más grande del planeta y recibe el nombre de un dios marino grecorromano hijo de
Neptuno. A diferencia de las otras lunas del planeta, Tritón gira alrededor de Neptuno en la
dirección opuesta a su rotación. ¡Es el único satélite que hace eso en el sistema solar! Una
posible explicación es que originalmente fuera un cuerpo celeste independiente y que, por
alguna razón, acabara atrapado en la órbita del planeta. Sea como fuere, Tritón tiene una
atmósfera extremadamente fría, que puede llegar a los -235 °C. Se han descubierto géiseres
que emiten columnas de hielo de hasta 8 kilómetros, es decir, ¡casi la altura a la que vuelan
los aviones!

Cerveza celestial

Si el descubrimiento de Neptuno te ha parecido curioso, el de Tritón, su satélite más grande, te lo parecerá todavía más. Estamos en 1844, Gran Bretaña, donde un fabricante de cerveza llamado William Lassell se dedica, en su tiempo libre, a la astronomía. Empieza como un aficionado, pero cada vez se dedica más a ello y llega a construir telescopios con lentes y reflectores como los que usan los astrónomos profesionales. Cuando le llega la noticia de que se ha descubierto Neptuno, un nuevo planeta del sistema solar, sin perder el tiempo, Lassell lo busca en el cielo y, apenas diecisiete días después, ¡descubre Tritón!

Cambio de posiciones

Como sabes, Neptuno es el planeta más lejano del sistema solar. Hace tiempo, este honor recaía en otro llamado Plutón, que aún está más lejos, pero en 2006 la Unión Astronómica Internacional creó una nueva categoría, la de los planetas enanos, y Plutón pasó a ser uno de ellos. La relación entre Neptuno y Plutón es muy curiosa: el segundo es más lejano, pero su órbita es tan elíptica que, a veces, la de Neptuno pasa por detrás suyo. Esto sucede cada 248 años. Y no, no te preocupes, ¡Neptuno y Plutón nunca chocarán!

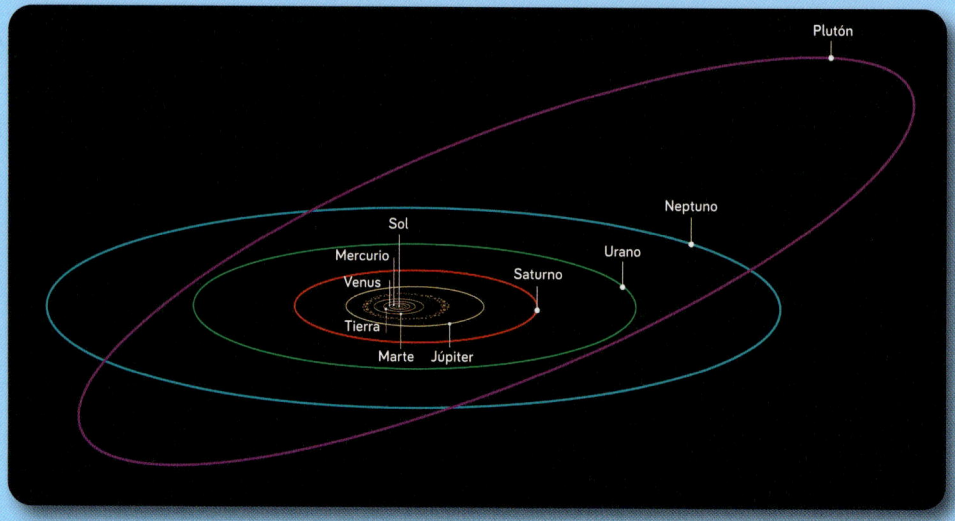

Curiosidato

Neptuno tiene cinco anillos bastante recientes. Además, cuenta con cuatro arcos formados de polvo que tienen intrigados a los científicos, ya que no se comportan como predicen las leyes físicas del movimiento.

Con viento fresco

La atmósfera de Neptuno es sumamente turbulenta. De hecho, este planeta tiene los vientos más fuertes de todo el sistema solar, con ráfagas que pueden superar los 2000 kilómetros por hora. En Neptuno hay huracanes enormes y violentos, como el de Gran Mancha Roja de Júpiter que ya conoces, aunque aquí duran bastante menos, por lo que las manchas tormentosas de su superficie desaparecen y reaparecen mucho más deprisa.

EL CINTURÓN DE ASTEROIDES Y LOS METEOROIDES

Durante la formación de los planetas del sistema solar, quedaron millones de fragmentos de materia sobrante que desde entonces vagan por el espacio. Muchos de ellos formaron lo que se conoce como «cinturón de asteroides», que se encuentra entre Marte y Júpiter. Ceres es el cuerpo más grande del cinturón, pero también hay otros objetos interesantes en esta región.

Asteroides y meteoroides

El cinturón de asteroides contiene, como no es difícil de adivinar, asteroides, que son cuerpos compuestos por roca (y a veces metal). Aunque pueden ser bastante grandes, no tienen la suficiente masa para que su gravedad les dé la forma esférica que caracteriza a los planetas.

Asimismo, contiene meteoroides, también formados por roca, que se diferencian de los asteroides en el tamaño, ya que son más pequeños.

¿Y si llegan a la Tierra?

Cuando un meteoroide cae a la Tierra, pero se desintegra al entrar en contacto con la atmósfera, se los conoce como meteoros. A veces, dejan a su paso una estela persistente, como en la imagen inferior: son las famosas estrellas fugaces, ¡aunque de estrellas no tienen nada!

En cambio, si el meteoroide es lo suficientemente grande como para atravesar la atmósfera e impactar en la superficie de nuestro planeta se los llama meteoritos. ¿Y cómo llamas a un asteroide que cae a la Tierra? No, asteorito no: ¡simplemente asteroide!

Curiosidato

Aunque son más pequeños que un planeta, hay asteroides lo suficientemente grandes como para tener satélites. Es el caso del asteroide Sylvia, que tiene dos: Rómulo y Remo.

Asteroides 1-Dinosaurios 0

La principal teoría sobre la extinción de los dinosaurios sostiene que el responsable de la tragedia fue un asteroide que impactó sobre la Tierra. Este hecho causó grandes catástrofes naturales y provocó la muerte de casi todas las plantas y la extinción de numerosas especies, entre ellas los dinosaurios.

De meteoroides a estrellas fugaces

¿Y cómo se forman exactamente las estrellas fugaces? Pues debes saber que los meteoroides son muy rápidos y viajan a velocidades excepcionales, ¡entre 40 000 y 250 000 kilómetros por hora! Sin embargo, cuando entran en la atmósfera terrestre, las moléculas de aire los ralentizan. Se calientan hasta alcanzar 3000 °C, por lo que la mayoría de ellos se desintegran y evaporan en la atmósfera, antes de alcanzar la superficie de la Tierra, a una altura de entre 100 y 50 kilómetros. Es entonces cuando las partículas que van «deshaciendo» el meteoro dejan esa cinta de luz que se apaga enseguida y que conoces como estrella fugaz. Ahora, ¡pide un deseo antes de que desaparezca!

Meteoros de colores

El color de los meteoros depende de varios factores, como la velocidad y el ángulo con el que entran en la atmósfera terrestre o su composición química. Por ejemplo, el verde se debe al magnesio (Mg), el naranja al sodio (Na) y el violeta al calcio (Ca).

LAS FRONTERAS DEL SISTEMA SOLAR Y LOS COMETAS

Existe una zona, en los confines del sistema solar, que está más allá de Neptuno, el planeta que está más alejado del Sol y de la Tierra. En esa remota región se hallan el Cinturón de Kuiper y la nube de Oort.

Cinturón de Kuiper

Rodeando nuestro sistema solar como si fuera una muralla, existe un gigantesco disco de cuerpos congelados llamado cinturón de Kuiper. Allí conviven cientos de miles, tal vez incluso millones de objetos trans-neptunianos, que son los cuerpos más allá de Neptuno.

Los cuerpos más grandes de esta zona tan fascinante son los planetas enanos Plutón, Makemake y Haumea. Si pusiéramos juntos en un solo lugar a todos los cuerpos del cinturón de Kuiper ocuparían el espacio equivalente a una Luna y media.

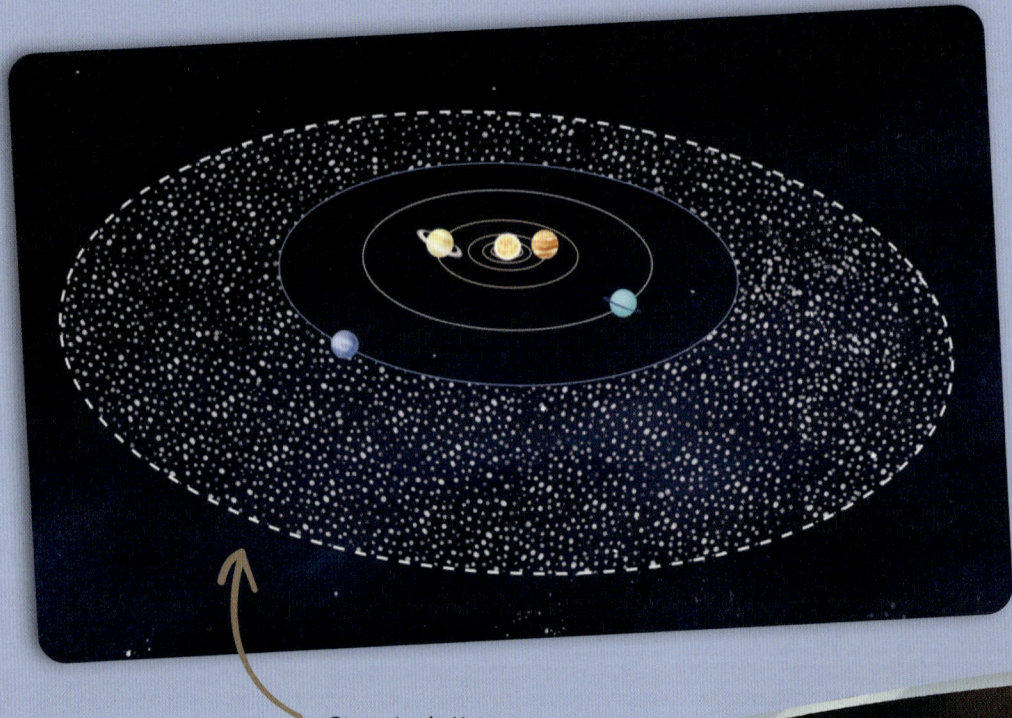

Cinturón de Kuiper

Arrokoth o Ultima Thule

Dentro del cinturón de Kuiper existe un objeto muy curioso llamado Arrokoth, que en la lengua de una tribu nativa americana significa 'cielo'. También se lo conoce por Ultima Thule, el nombre que los antiguos griegos y romanos daban a las tierras más alejadas del mundo que conocían. Ultima Thule está compuesto de dos bloques de hielo unidos y tiene unos 35 kilómetros de longitud. ¿No te recuerda a un cacahuete gigante?

La nube de Oort

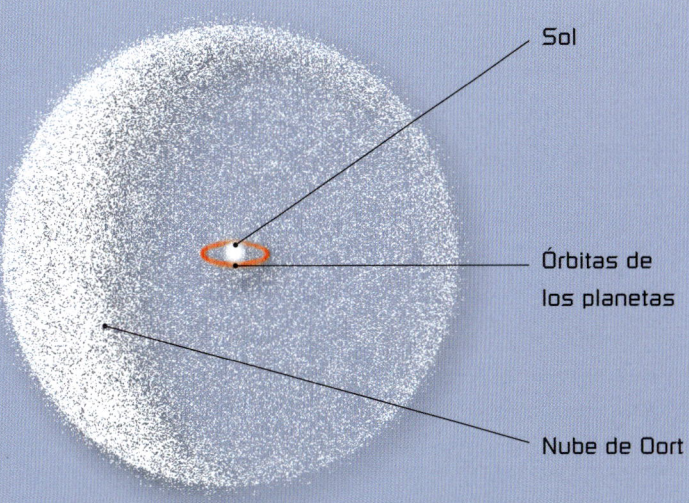

Sol

Órbitas de los planetas

Nube de Oort

Más allá del sistema solar y todavía más lejos que el cinturón de Kuiper, te encontrarás una nube de restos que lo rodea: la nube de Oort. Se encuentra muy lejos, a una distancia del Sol de entre 20 000 y 200 000 UA.

La cuna de los cometas

Como está tan lejos del Sol, la nube de Oort es una región extremadamente fría. Gracias a ello, es el lugar donde se forman los cometas.

En la nube de Oort hace tanto frío que todos los cuerpos que la conforman son de hielo.

Alguno de estos bloques de hielo, atraído por el Sol, puede separarse de la nube e ir hacia el centro del sistema solar.

Cuando eso pase, el bloque de hielo empezará a calentarse y pasará del estado sólido al gaseoso.

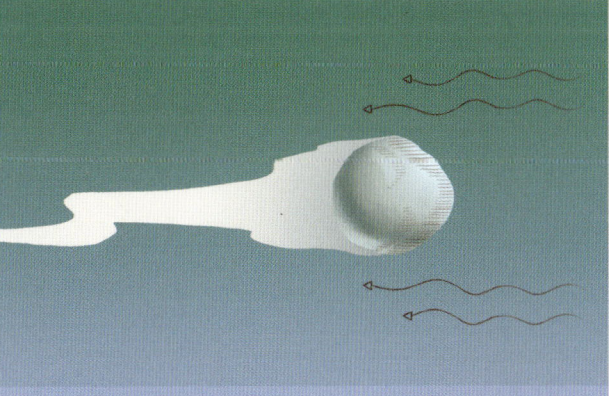

Por efecto del viento solar, el material que se separa de la bola helada formará una estela. ¡Y voilà, ya tenemos la cola de un cometa!

¿De qué está hecho un cometa?

Los cometas son cuerpos celestes formados por polvo, roca y hielo, como gigantescas bolas de nieve sucias que orbitan alrededor del Sol. A diferencia de los planetas, cuyas órbitas suelen ser círculos ligeramente achatados, las de los cometas son mucho más ovaladas.

Se cree que el origen de muchos de ellos se halla en una región en los límites del sistema solar llamada nube de Oort. En ocasiones, algunos de los cuerpos que forman esta nube se separan de ella atraídas por el Sol: es entonces cuando el cuerpo se convierte en un cometa. Aquí debajo puedes ver las partes que lo componen.

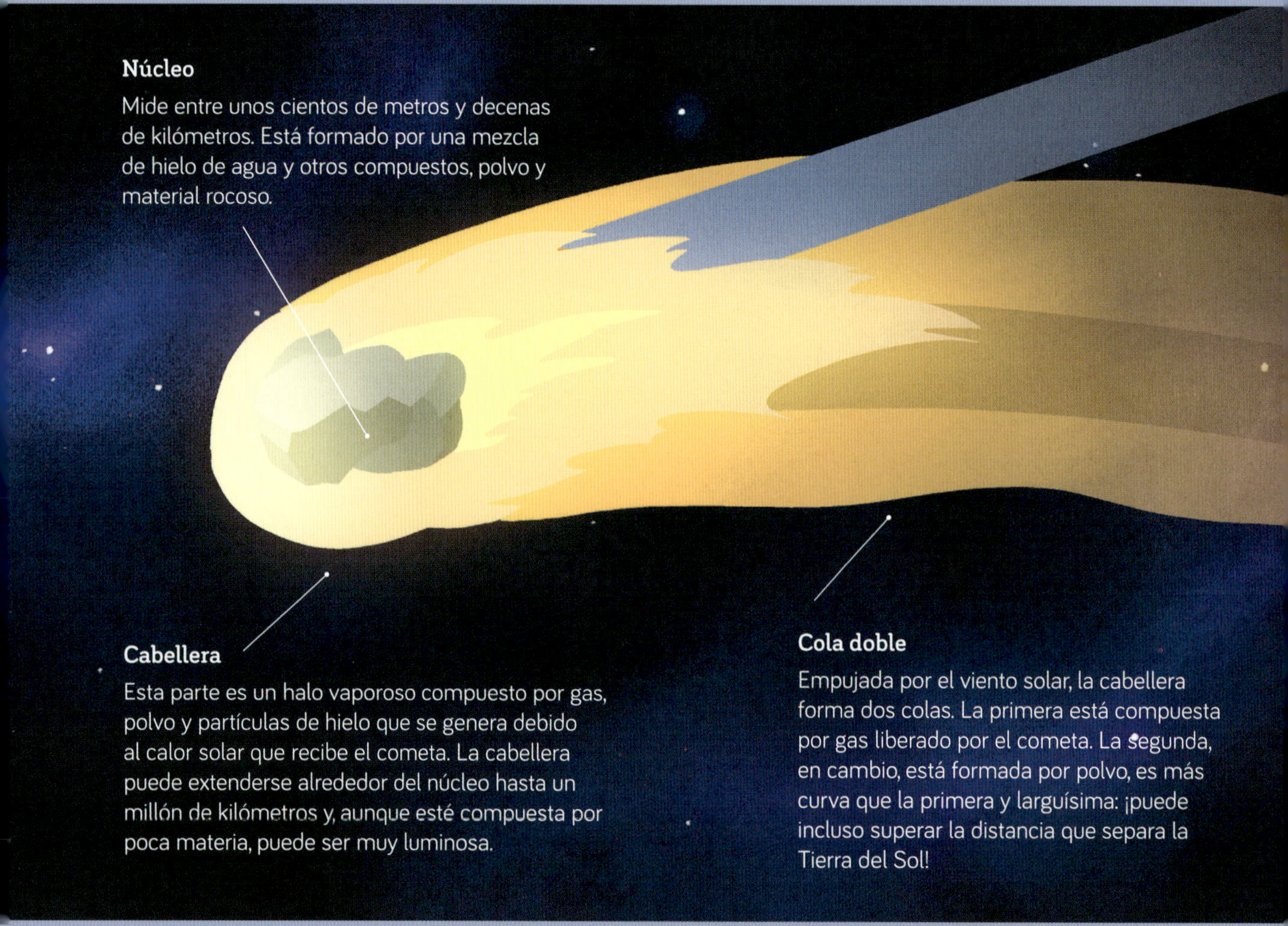

Núcleo

Mide entre unos cientos de metros y decenas de kilómetros. Está formado por una mezcla de hielo de agua y otros compuestos, polvo y material rocoso.

Cabellera

Esta parte es un halo vaporoso compuesto por gas, polvo y partículas de hielo que se genera debido al calor solar que recibe el cometa. La cabellera puede extenderse alrededor del núcleo hasta un millón de kilómetros y, aunque esté compuesta por poca materia, puede ser muy luminosa.

Cola doble

Empujada por el viento solar, la cabellera forma dos colas. La primera está compuesta por gas liberado por el cometa. La segunda, en cambio, está formada por polvo, es más curva que la primera y larguísima: ¡puede incluso superar la distancia que separa la Tierra del Sol!

Cometas de largo y corto periodo

Algunos cometas tardan miles de años para completar una órbita y volver a pasar por el mismo punto. Por ese motivo se les llama «cometas de largo periodo».

Pero también hay cometas que no siguen órbitas tan largas. Son los de corto periodo, es decir, los que emplean menos de 200 años en completar una órbita. Estos proceden por lo general del cinturón de Kuiper o del «disco disperso», una zona llena de cuerpos helados que orbitan entre Júpiter y Neptuno.

El cometa Halley

Este cometa tiene una órbita muy elíptica, que va desde más allá de Neptuno hasta la zona entre Mercurio y Venus. Tarda unos 75 años en completarla y tendremos que esperar hasta el año 2061 para volver a verlo desde la Tierra.

La última vez que pasó, en 1986, tenía una cabellera de polvo y gas de más de 100 000 kilómetros de longitud, mientras que su pequeño corazón sólido mide apenas 15 kilómetros de largo y 8 de ancho.

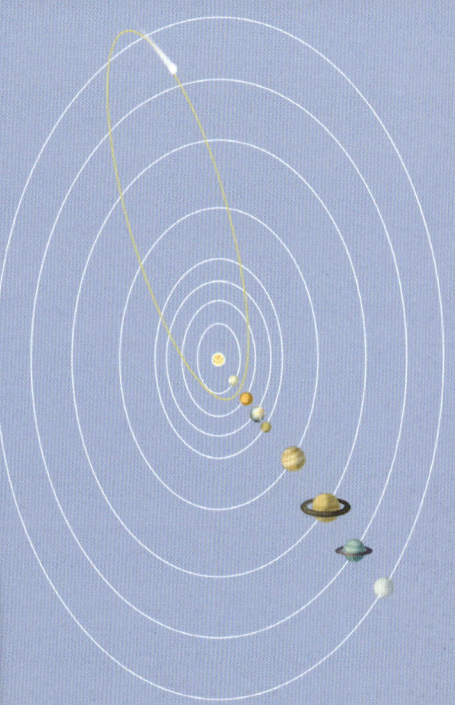

Un visitante conocido

El cometa Halley es un viejo conocido de nuestros cielos. De hecho, el primer documento que habla de él es de hace más de 2000 años, del 240 a. C., para ser precisos.

Una de las pruebas más conocidas de su paso la representa el célebre tapiz de Bayeux, una tela de casi 70 metros de longitud que narra la conquista de Inglaterra por parte de Guillermo I en 1066. Y gracias al pintor Giotto, el Halley es un icono navideño: este pintor medieval florentino incluyó al cometa en una pintura en la que se representaba el nacimiento de Jesús y desde entonces se suele utilizar como adorno. ¿Tú también le pones un cometa Halley a la copa de tu árbol de Navidad?

LOS PLANETAS ENANOS

En el año 2006 la Unión Astronómica Internacional creó una nueva categoría de cuerpo celeste: los «planetas enanos». Con ese nombre se conoce a los cuerpos que orbitan alrededor del Sol y son más o menos esféricos, igual que el resto de los planetas, pero que se diferencian de estos en que son mucho más pequeños.

En el sistema solar conocemos cinco: Ceres, Plutón, Eris, Makemake y Haumea.

¡Qué día más largo!

Si pasas un día en Plutón tendrás tiempo de sobra, ya que un día plutoniano equivale a 6 días y 9 horas terrestres. Y eso no es todo: además tarda 248 años terrestres en completar una órbita alrededor del Sol… ¡Allí tendrías tiempo de sobras para tomarte el desayuno!

Curiosidato

Debido a sus bajísimas temperaturas el hielo de Plutón es muy sólido. Además, su escasa gravedad (16 veces menor que la de la Tierra) hace que las enormes masas heladas que conforman sus montañas pesen poquísimo.

No es un planeta, sino un planetita (helado)

La masa de Plutón es unas 25 veces menor a la de Mercurio. Este planeta enano es sumamente frío, porque se encuentra muy lejos de Sol: su temperatura superficial oscila entre -220 °C y -240 °C. Debido al frío que hace allí, el nitrógeno que cubre parte de la superficie del planeta está congelado. Además, tiene grandes montañas de agua helada. Su atmósfera es muy tenue y está compuesta por gases que provienen del suelo: nitrógeno, metano y monóxido de carbono. Eso sí, al parecer tiene un núcleo rocoso.

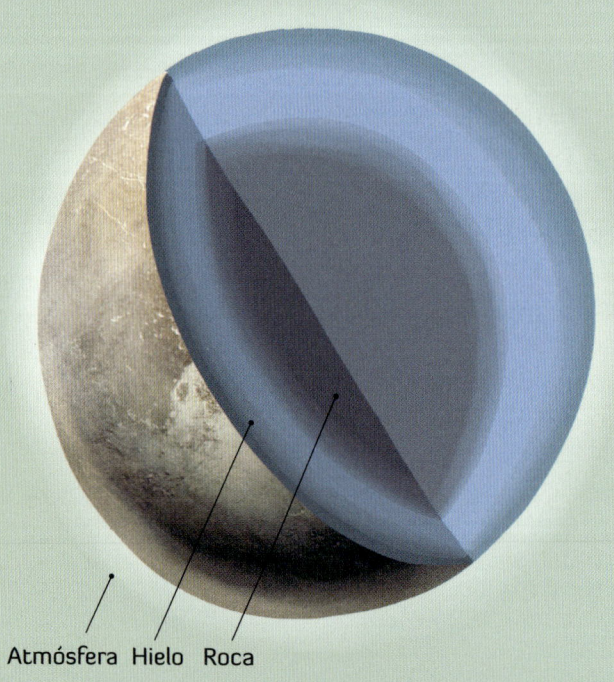

PLUTÓN
DURACIÓN DEL DÍA: 6 días terrestres y 9 horas
DURACIÓN DEL AÑO: 248 años terrestres
DIÁMETRO: 2376 km
DISTANCIA DEL SOL: 30 UA (mín.) – 49 UA (máx.)
SATÉLITES: Caronte, Estigia, Nix, Cerbero e Hidra

Atmósfera Hielo Roca

Los otros planetas enanos

Eris

Es un poco más pequeño que Plutón y algo más denso, por lo que se cree que está formado sobre todo por roca. También es muy frío y está envuelto en hielo. Debido a ello, refleja de forma extraordinaria la luz de los débiles rayos del Sol que llegan hasta allí.

ERIS
DURACIÓN DEL DÍA: 25,9 horas
DURACIÓN DEL AÑO: 557 años terrestres
DIÁMETRO: 2326 km
DISTANCIA DEL SOL: 38 UA (mín.) – 97 UA (máx.)
SATÉLITES: Disnomia

Makemake

Este planeta es de color rojizo. También está completamente congelado, algo de lo más normal si se tiene en cuenta la distancia a la que nos encontramos del Sol...

MAKEMAKE
DURACIÓN DEL DÍA: 22,5 horas
DURACIÓN DEL AÑO: 305 años terrestres
DIÁMETRO: 1430 km
DISTANCIA DEL SOL: 38 UA (mín.) – 53 UA (máx.)
SATÉLITES: MK2

Haumea

Debe su nombre a una divinidad hawaiana. Haumea está rodeado por un fino anillo y tiene una curiosa forma elipsoidal, como un balón de rugby.

Esto podría deberse a que rota muy rápidamente (tarda solo unas 4 horas en hacerlo). O también es posible que chocara con un cuerpo muy grande que lo habría aplastado, por lo que parte del hielo que lo recubre se habría proyectado hacia el espacio hasta formar el anillo que lo rodea.

HAUMEA
DURACIÓN DEL DÍA: 4 horas
DURACIÓN DEL AÑO: 285 años terrestres
DIÁMETRO: 1560 km
DISTANCIA DEL SOL: 35 UA (mín.) — 52 UA (máx.)
SATÉLITES: Hi'iaka y Namaka

Ceres

A diferencia de sus compañeros, no está en los confines del sistema solar, sino en el cinturón de asteroides, entre Marte y Júpiter. Esto lo convierte en el planeta enano más «cálido»: su temperatura media es de -100 °C, aunque en las jornadas más calurosas puede llegar a los -34°C.

Es el más pequeño de los planetas enanos del sistema solar, pero es bastante matón gracias a las espectaculares erupciones de su volcán Ahuna Mons, de 4000 metros de altura. Se encuentra en el Cinturón de asteroides que hay entre Marte y Júpiter.

CERES
DURACIÓN DEL DÍA: 9 horas
DURACIÓN DEL AÑO: 4,61 años terrestres
DIÁMETRO: 939 km
DISTANCIA DEL SOL: 2,6 UA (mín.) – 3 UA (máx.)
SATÉLITES: 0

EL SISTEMA SOLAR.
LOS EXPLORADORES DEL ESPACIO

© Shackleton Books, SL

© de las ilustraciones, Tommaso Ronda y Wuji House

© de los textos, Bonalletra

Primera edición en Shackleton Kids, junio de 2023

Shackleton Kids es el sello infantil de la editorial Shackleton Books, SL

Realización editorial: Bonalletra Alcompas, SL

Diseño de cubierta: Pau Taverna

Diseño y maquetación: Elisenda Nogué

© **Fotografías:**

Lukasz Pawel Szczepanski / Shutterstock.com; PhotoVisions / Shutterstock.com; NASA images / Shutterstock.com; AstroStar / Shutterstock.com; Rob Wilson / Shutterstock.com; NASA/Johns Hopkins University Applied Physics Laboratory/Carnegie Institution of Washington, dominio público / Wikimedia Commons; ESA/BepiColombo/MTM, CC BY-SA IGO 3.0, CC BY-SA 3.0 IGO / Wikimedia Commons; Smithsonian Institution, CC0 / Wikimedia Commons; Vadim Sadovski / Shutterstock.com; NASA/JPL, dominio público / Wikimedia Commons; NASAImage modified by Jcpag2012, dominio público / Wikimedia Commons; Lukasz Lukasiewicz / Shutterstock.com; NASA / DSCOVR EPIC team, dominio público / Wikimedia Commons; Delpixel / Shutterstock.com; Project Apollo Archive, dominio público / Wikimedia Commons; NASA, dominio público / Wikimedia Commons; NASA James B. Irwin, dominio público / Wikimedia Commons; NASA John W. Young, dominio público / Wikimedia Commons; Project Apollo Archive, dominio público / Wikimedia Commons; Juergen Faelchle / Shutterstock.com; NASA / Seddon, dominio público / Wikimedia Commons; NASA/JPL-Caltech/Malin Space Science Systems / Julian Herzog, dominio público / Wikimedia Commons; Nazarii_Neshcherenskyi / Shutterstock.com; NASA, ESA, and J. Nichols (University of Leicester), dominio público / Wikimedia Commons; Vadim Sadovski / Shutterstock.com; Jean-Baptiste Greuze, dominio público / Wikimedia Commons; Kevin Gill, CC BY-SA 2.0 / Wikimedia Commons; NASA, dominio público / Wikimedia Commons; Vadim Sadovski / Shutterstock.com; NASA / JPL-Caltech / University of Arizona / University of Idaho, dominio público / Wikimedia Commons; John Peter Russell, dominio público / Wikimedia Commons; Karl Friedrich Schinkel, dominio público / Wikimedia Commons; Hamburg State and University Library Carl von Ossietzky, dominio público / Wikimedia Commons; NASA/JPL-Caltech, dominio público / Wikimedia Commons; Simon Wendler / Shutterstock.com; Dotted Yeti / Shutterstock.com; Arabik4892, CC BY-SA 4.0 / Wikimedia Commons; ESO, CC BY 4.0 / Wikimedia Commons; NASA/Johns Hopkins University Applied Physics Laboratory/Southwest Research Institute/ Roman Tkachenko, dominio público / Wikimedia Commons; NASA/W. Liller, dominio público / Wikimedia Commons; Myrabella, dominio público / Wikimedia Commons.

ISBN: 978-84-1361-251-5

DL: B 3289-2023

Impresión: Macrolibros, SA, Valladolid

ISBN CAST: 978-84-1361-127-3

ISBN CAST: 978-84-1361-124-2

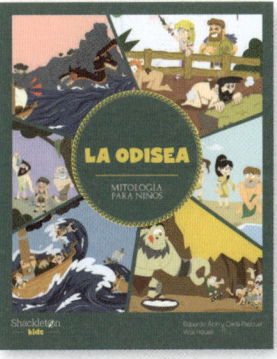

ISBN CAST: 978-84-17822-85-9

ISBN CAT: 978-84-1361-000-9

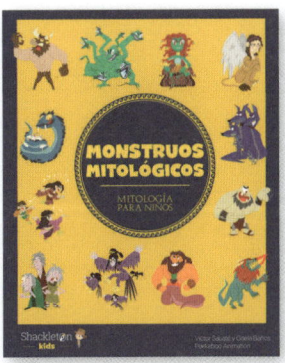

ISBN CAST: 978-84-17822-87-3

ISBN CAT: 978-84-18139-11-6

ISBN CAST: 978-84-18139-46-8

ISBN CAT: 978-84-18139-50-5

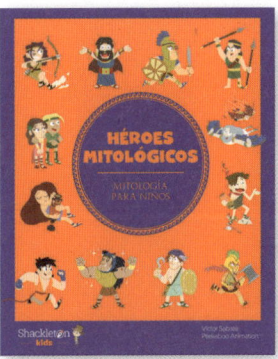

ISBN CAST: 978-84-18139-47-5

ISBN CAT: 978-84-18139-51-2

ISBN CAST: 978-84-17822-09-5

ISBN CAT: 978-84-17822-17-0

ISBN CAST: 978-84-17822-13-2

ISBN CAT: 978-84-17822-21-7

ISBN CAST: 978-84-17822-07-1

ISBN CAT: 978-84-17822-15-6

Canal de Youtube de Shackleton Kids:

shackletonbooks.com

@shackletonkids